성화지향적 내적 치유

A Narrative Inquiry on the Sanctification
Experience in the Inner Healing

성화지향적 내적 치유

A Narrative Inquiry on the Sanctification
Experience in the Inner Healing

김영순 지음

예영 B&P

성화지향적 내적 치유

초판 1쇄 찍은 날 2014년 7월 5일
초판 1쇄 펴낸 날 2014년 7월 10일

지은이 김영순

펴낸이 조석행

펴낸곳 예영B&P

디자인 차순주

등록번호 1998년 9월 24일(가제 17-217호)

주 소 131-804 서울시 중랑구 용마산로 122길 12(망우동354-43) 2층
Tel 02) 2249-2506~7   **Fax** 02) 2249-2508

ISBN 978-89-90397-48-5   03230

값 10,000원

■ 잘못 만들어진 책은 언제든지 교환해 드립니다.

감사의 글

이 논문을 작성하기 전에 하나님의 약속으로 주어진 말씀이 있습니다. "여호와를 바라는 자는 수치를 당하지 아니하며 영화롭게 하리라"는 약속의 말씀 붙잡고 끝까지 인내로 결실을 맺게 하신 하나님께 무한한 감사와 영광을 돌립니다.

본 논문이 나오기까지는 많은 분들의 도움과 격려가 있었습니다. 먼저 참여자들이 구원과정에서 겪게 되는 중생과 성화의 귀한 체험들을 진솔하게 드러내 줌으로써 논문이 완성될 수 있었습니다. 또한 본 논문의 연구를 위해 바쁜 중에도 사명감을 가지고 도와주신 참여자들의 사랑과 수고에 감사를 드립니다.

이 논문을 위해 처음부터 마지막까지 수고를 아끼지 아니하시고 최선을 다해 지도해 주신 양유성 지도교수님께 깊은 감사를 드립니다. 본 논문의 핵심인 성화지향적 내적 치유가 신학적으로 체계화 될 수 있도록 지도해 주시고 긍정적으로 평가하시고 위로와 용기를 주신 안명준 교수님, 또한 3년 내내 물심양면으로, 기도로, 꼼

꼼하게 교정까지 맡아 주시고, 논문의 심사를 위해 먼 길을 마다하지 않으시고 기쁨으로 수고해 주신 천영숙 교수님, 논문의 질과 가치를 높이고 논문의 창의성과 독창성을 살리기 위해 많은 수고를 해 주신 이광희 교수님, 논문의 객관성을 잃지 않도록 세심한 배려와 놓치기 쉬운 부분들을 꼼꼼하게 챙겨주신 류원렬 교수님께 진심으로 감사를 드립니다.

이 논문이 나오기까지는 여러 교수님들의 훌륭한 가르침과 사랑으로 인해 된 것임을 밝히고 싶습니다. 기독교의 진리와 하나님의 절대주권 신앙으로 살아갈 수 있도록 가르쳐주시고, 위로와 용기를 주시며, 항상 기도해 주시는 임충곤 학장님께 감사를 드립니다. 학문의 길에서 곤경에 처해서 지치고 힘들어할 때 힘이 되어 주신 손세훈 교수님께 감사를 드립니다. 학문을 계속할 수 있도록 관심과 배려를 해주신 이정기 교수님께 감사를 드립니다.

내러티브에 대한 확실한 이해를 위해 도움을 주고 논문을 써가는 과정에서 위로와 격려를 주었던 선배 선우숙 박사님과 학업 중에 전문가의 길을 갈 수 있도록 도움을 주신 선배 한계수 박사님, 학업 기간 내내 서로에게 위로와 용기를 주며 힘이 되어 주었던 동기 박수정 목사님, 이선구 목사님, 이선도, 김성연 선생님과 함께 했던 시간들이 즐거웠습니다. 항상 자리를 맡아 주려고 애써 주신 후배 손혜경 전도사님과 후배이자 같은 노회 우상용 목사님의 따뜻한 관심과 배려에 감사를 드립니다.

마지막으로, 13년간 기쁨과 슬픔을 같이하며 논문 기간 내내 함께 기도하며 수고한 성도들의 사랑과 수고에 감사를 드립니다. 그리고 13년간 변함없이 기도와 물질로 격려하고 위로하며 항상 힘이 되어 준 남편 심의전 장로님과 엄마 대신 동생들을 돌보며 엄마에게 든든한 힘이 되어 주고, 교정을 맡아 수고해 준 큰 딸 주은이, 학문의 길을 가는 엄마를 자랑스럽게 생각하는 큰 아들 의성이, 자기 일을 스스로 잘 알아서 하며 엄마를 위로하고 격려해 주는 둘째 딸 여호수아, 지방에서 축구선수로 엄마에게 기쁨을 선사하는 막내아들 사랑이 모두에게 감사를 드립니다. 또한 전 성도와 가족 모두가 그리스도 안에서 하나가 되게 하시고, 도우시는 하나님의 손길이 있었기에 논문을 완성할 수 있었습니다. 모든 감사와 영광을 하나님께 돌립니다.

추천의 글

국내 내적 치유가 많은 교회에 소개되고 보급된 지 오랜 시간이 흘렀다. 그동안 많은 문제점과 논란이 제기되었고, 잘못되거나 취약한 부분을 개선시키려는 노력이 있었다. 갈수록 마음의 상처를 입고 고통스러워하는 영혼들이 많아져 가는 물질적이고 세속적인 환경 속에서 기독교적 내면 치유의 방식을 모색하여 발전시킬 필요성은 더욱 커지고 있다. 내적 치유의 크고 다양한 주제와 방법론뿐 아니라, 그 과정 속에서 치유 뿐 아니라 성장의 경험도 포함시켜 연구해야 한다. 짧은 기간 내적 치유 프로그램이 끝났다고 치료적 변화를 위한 모든 것이 끝난 것이 아니기 때문이다. 오히려 그 이후가 더 중요할 수 있고, 그런 면에서 내적 치유에서 성화의 주제가 다루어져야 할 필요가 있다. 저자는 오랜 세월 교회 목회에서 이런 방식의 목회를 추구해 오면서 실천해 왔기에 더욱 설득력을 갖고 있다. 이 책을 통해 국내에서 내적 치유가 새로운 방향으로 한 단계 더 도약하게 되기를 바란다.

양유성 (평택대학교 신학과/신학전문대학원 목회상담학 교수)

오늘날 많은 사람들이 마음의 상처를 품고 살아간다. 이런 아픔을 치료하기 위해 수많은 상담학 관련 저서들이 출판되었다. 본 저서는 저자가 이런 아픔과 치료의 두 양면을 상담학적 신학적 접근을 통하여 풀어내고 있다.

특별히 상담전공자임에도 불구하고 성경적 조직신학적 관점으로 부터 내적 치유의 새로운 지평을 열고 있다.

기존의 사역과 방법은 주로 신학적 점검이 되지 못한 약점이 있었으나 본 저서는 성화를 통하여 내적치유의 방법이 확실하게 성경적 기초를 두고있다는 점에서 매우 우수한 작품으로 강력하게 추천한다.

안명준 (평택대학교 교목실장,
신학과/신학전문대학원 조직신학 교수, 한국개혁신학회 총무이사)

신학과 상담학을 조화시키기는 결코 용이하지 않는 학문분야이기도 하지만 두 분야를 적절하게 학문적으로나 목회 현장의 실제적인 면에서 통합하여 박사학위 논문으로 제출한 저자의 노고에 감사를 드립니다.

저자는 하나님의 은혜로 학위 취득은 물론이려니와 저서로 내놓게 되었음은 일차적으로는 상담학을 전공하려는 학생들에게 그리고 일반 평신도들에게도 공감대를 이루며 상담에 대한 새로운 관심과 폭넓은 이해를 불러 일으켰다고 봅니다.

뿐만 아니라 신학을 전공하는 학생들에게도 상담이 무엇인지 더 나아가 상담에서 부족하기 쉬운 성화에 관한 이론을 접목했다는 사실은 많은 사람들에게 가르침을주고 있다는 생각이 듭니다.

저자의 각고의 노력과 하나님의 크신 은총이 좋은 결실을 맺는 한 권의 저서가 되어 학생들에게나 목회자들에게 꼭 필요다고 사료되어 추천을 합니다.

천영숙 (한영신학대학교 신학과/신학대학원 조직신학 명예교수,
한국복음주의 신학회 부회장)

"목회상담적 관점에서
내적치유가 활성화 되는 계기가 되기를"

이정기 박사
(한국실존치료연구소 소장, 서울신대 특임교수)

김영순 목사께서 드디어 목회상담을 전공하여 박사학위를 받으셨음을 진심으로 축하한다.

김 목사께서 서울신대 상담대학원을 다닐 때, 가르쳤던 교수의 한 사람으로 저자가 갖고 있었던 독특한 관심인 영성과 내적치유라고 하는 주제를 주목하고 있었던 차에, 금년에 내러티브 방법론을 차용하여 그 중요한 주제를 학위논문으로 구체화 할 수 있음에 크게 기뻐하며 감사하게 생각한다.

그녀가 갖고 있는 관심은 누군가는 다루어야 할 중요한 논제임에
도 불구하고, 그동안 상담영역에서 다루기 꺼려하는 현금의 한국
적 상황에서 그녀가 각고의 노력 끝에 이와 같은 결과물을 보여 주
었다고 하는 것은 크게 축하하고 기뻐해야 할 일이라고 생각한다.

일별하건데, 내용도, 이론적인 배경에 충실하고, 연구방법도 철
저를 기하였을 뿐만 아니라, 내러티브 접근법을 통하여 구체적이
고도 적절한 임상 논문으로, 이렇게 책으로까지 출간하게 됨을 또
한 진심으로 축하하는 바이다.

바라기는 척박한 한국 교회 상담 분야에서, 이 책을 통하여, 내
적치유를 통한 성화 경험에 대한 이해가 더욱 깊어지기를 바라며,
상담영역에서 더욱 분발하여, 내적치유를 경원시 하려고 하지만
말고, 보다 구체적으로 교회 현장에서 적용하는 일이 전개되었으
면 하는 바램이다.

바로 이점에서 김영순 박사는 크게 공헌할 수 있으리라 사료되
며, 이 논문이 갖는 의미가 크다 할 것이다.

다시 한 번 더 박사학위를 받음을 축하하며, 그 논문이 갖고 있

는 의미가 구체적으로 한국교회 상담현장에서 크게 결실을 맺는

역사가 일어나기를 기도한다.

발간사

1990년대 이후 한국교회가 내적 치유에 대한 관심을 갖기 시작하면서 다양한 책들과 프로그램들이 소개되어 급속도로 발전하여 기독교상담의 한 분야로 자리를 잡게 되었다. 내적 치유에 대한 관심으로 대형교회를 비롯한 교회 외부의 여러 기관이나 선교단체 등에서 다양한 내적 치유 프로그램과 세미나 등을 통해 성도들의 상처와 아픔을 극복하려고 노력해 왔다.

지금까지 국내에 보급된 내적 치유가 오랜 시간이 흘렀음에도 일시적인 효과는 검증되었지만, 지속적인 인격의 변화를 가져오지 못하므로 중생과 성화를 기대할 수 없었다. 내적 치유는 학문적인 연구가 미흡한 상태에서 선교단체나 기관에서 무분별하게 사용한 결과 여러 가지 문제점과 비판적인 요소들이 제기되었다. 이와 같이 내적 치유는 부정적이고 비판적인 요소가 많음에도 불구하고 이 시대에 절실히 요구되는 목회상담의 중요한 분야가 되고 있다.

내적 치유가 오순절 운동 이후 심리학의 영향으로 전인치유보다는 감정이나 정서 치유에 국한되어 왔음을 부인할 수 없다. 세계적인 내적 치유 전문가인 데이비드 씨맨즈, 마이크 플린과 더그 그렉, 찰스 크래프트 등이 그들의 저서에서 밝히고 있다. 따라서 지금까지 연구되어 온 내적 치유는 그리스도인들에게 실질적이고 가장 중요한 중생과 성화에는 아무런 영향을 미치지 못하고 있음을 잘 보여주고 있다. 물질적이고 세속적인 환경 속에서 마음의 상처를 입고 고통 가운데 삶의 의미와 목적을 상실하고 살아가는 영혼들에게 기독교적 차원의 치유가 절실히 요구되고 있다.

"모든 사람이 죄를 범하였으매 하나님의 영광에 이르지 못한다."고 성경은 분명하게 밝히고 있다. 따라서 이 세상의 모든 사람은 치유를 필요로 한다. 인간은 영적 존재이기 때문에 영적인 문제를 심리학이나 일반상담에서 치유할 수 있는 문제가 아니다. 따라서 저자는 오랜 기간 목회현장에서 실천해오던 성화지향적 내적 치유를 통해 현대 심리학이 해결할 수 없는 문제들을 오직 성령의 능력으로 치유하는 방법론을 제시하여 누구든지 쉽게 적용하고 실천할 수 있도록 하였다. 성화지향적 내적 치유는 성경에 기초한 목회신학적이고 상담학적 관점에서 네 가지 방법론으로서 아담의 범죄로 인한 우리의 죄성을 인정하고, 회개를 통한 하나님과의 관계 회복으로 순종과 감사의 생활을 통해 하나님이 주시는 참 평안과 기쁨을 누리며 살 수 있다.

하나님께서 우리를 구원하신 목적은 한 개인의 감정이나 정서뿐만 아니라 영혼과 육체 더 나아가 우리의 인격적인 부분까지 포함한 온전한 치유와 회복을 원하신다. 성화지향적 내적 치유는 성령의 사역으로 구원의 필수 요소인 중생과 성화를 통하여 성화의 궁극적인 목표인 하나님의 형상 회복으로 그리스도를 닮은 성숙한 인격으로 성장하도록 하는 것을 목표로 하였다. 성화지향적 내적 치유는 성경적 치유로서 목회사역의 한 분야이다. 따라서 성화지향적 내적 치유를 통하여 한국교회가 성경적인 교회로 거듭나게 하는데 기여하고자 했다.

저자는 1995년부터 여러 교회를 두루 다니면서 평신도 치유사역을 해 오다가 하나님의 종으로 부르심을 받고 신학을 하게 되었다. 2001년도에 하나님의 강권하심으로 교회를 개척하게 되었다. 목회현장에서 해 오던 치유사역이 책으로 출판하게 될 것과 박사학위를 받게 될 것을 응답으로 받고 까마득하게 생각했던 때가 엊그제 같은데 13년간의 학문의 과정을 마치고 하나님의 약속대로 학위를 받게 되었다. 이 모든 것이 은혜로 되어졌음을 고백하며 모든 감사와 영광을 아버지 하나님께 돌립니다. 부족하지만, 이 책이 신학생과 목회자 그리고 성도들이 읽고 변화를 받아 성화의 실천적인 삶을 살아가는데 도움이 되고자 쉽게 적용할 수 있도록 노력하였다.

이 논문이 책으로 출판되기까지 양유성지도교수님과 안명준교수님, 한영신대 천영숙교수님과 서울신대 이정기교수님께서 논문이 책으로 출판될 수 있도록 적극적으로 도와주시고, 축하해주시고 기쁜 마음으로 추천사를 써 주신 네 분 교수님께 진심으로 감사를 드리며, 이 책의 출판을 위해 기도와 물질로 도움을 준 온전한 교회 성도들의 사랑에 감사드리며, 이 책의 출판을 맡아 주신 예영비엔피 조석행사장님께 깊은 감사를 드립니다.

2014년 5월

저자 김영순

목차

Ⅲ. 연구 방법 ● 111

I. 서론

I. 서론

1. 나의 내적 치유 사역 이야기

나는 1989년 8월에 남편을 따라 교회를 나갔다가 주일 새신자 결신 시간에 하나님께서 회개의 은혜를 물 붓듯이 부어 주심으로 죄인임을 철저하게 깨닫게 되었다. 주님은 예배 때마다 구원에 대한 감사와 감격이 넘치는 은혜를 부어 주셨고, 성찬을 통하여 하나님의 살아계심을 체험하게 하였다. 거듭남의 체험을 통해 나는 인생의 목적과 가치관이 바뀌게 되었다. 매일 기도하는 삶을 통해서 나 자신을 돌아보게 되었으며, 말씀이 깨달아지고 설교를 통해서 새롭게 인도함을 받게 되었다. 날마다 나를 쳐서 복종시키며 주님 뜻대로 살아가려고 노력했던 결과, 이젠 나를 위해 사는 것이 아니라 하나님의 영광을 위해 살아가는 삶으로 바뀌게 되었다.

1995년 새벽 기도를 다녀와서 좀 쉬려고 누웠는데 이사야에게 천사가 제단에서 핀 숯을 가져와서 이사야의 "입술에 대며 이르되

보라 이것이 네 입에 닿았으니 네 악이 제하여졌고 네 죄가 사하여 졌느니라."(사 6:7)에서처럼 실제처럼 환상이 열리고 나는 환자복 을 입고 병원 수술대에 누워있는데, 의사 가운을 입은 주님께서 메스로 아랫배를 가르고 뱃속에서 주먹크기의 새까만 덩어리를 제거 해 주셨다. 주님은 나의 내면 밑바닥에 있는 아주 질기고 고집스런 죄를 사하여 주셨다. 신기하고 놀라운 일은 수술을 받은 후로는 다른 사람을 미워하거나 시기하는 마음이 없어졌다. 그런 일이 있은 지 얼마 후 새벽 기도 중에 성령의 놀라운 역사로 생각과 마음이 치료 받게 되면서 모든 근심이 사라지고 하나님이 주시는 참 평강 가운데 살아가게 되었다.

1996년에 새벽 기도 중에 성경이 실제처럼 펼쳐지는데 로마서 1 장 28절에서 32절 말씀과 갈라디아서 5장 19절에서 21절 말씀을 한 단어씩 깨우쳐 주시고 어떻게 기도하고 회개해야 할 것인가에 대해 소상하게 가르쳐 주었다. 또한 구원 받은 자로서 마땅히 행해야 할 삶에 대해 깨우쳐 주셨고, 죄인임을 깨닫고 회개하는 것과 순종하는 삶을 통해 감사의 삶을 살아야 한다는 것을 가르쳐 주었다. 하나님께서 나에게 가르쳐 주신 것들을 사람들에게 가르치라고 하시면서, 가르침을 받고 순종하는 자들에게 구원의 은혜를 베풀어 주시겠다는 것을 약속하였다. 하나님은 사역을 위한 준비과 정으로 먼저 나의 죄 문제를 해결해 주셨다. 96년부터 가까이 있는 사람들로부터 만나는 사람마다 사역현장에서 사명감을 가지고 가르쳤다. 놀랍게도 가르침을 받고 순종하는 자들은 변화되기 시작했고 사역하는 교회마다 하나님의 역사를 체험하게 했다. 하나님의 백성들을 구원하시기 위한 합당한 도구로 만드시기 위해 훈련과 연단을 통해 신학의 길을 열어 주었다.

2001년 신학교 재학 중에 하나님의 응답으로 가정 교회를 개척하게 되었다. 설교를 어떻게 해야 할지를 몰라 암담해서 기도하는 나에게 하나님은 열왕기상 3장에서 솔로몬이 하나님께 지혜를 구할 때, 지혜롭고 총명한 마음을 주셨던 그 말씀을 응답으로 주셔서 용기를 내어 설교를 할 수 있게 되었다.

하나님께서는 개척에 대한 응답으로 예비해 놓은 가정들을 개척과 함께 몇 가정을 보내 주셨다. 하나 같이 세상에서도 보기 드문 가정들이었다. 모두가 신앙경력이 10년에서 30년 가까이 된 사람들로 대부분이 대형교회 출신들이었다. 이혼한 가정들, 심각한 우울증으로 수차례 자살을 시도한 사람, 정신적, 육체적 질병 등으로 소망이 끊어져서 삶의 의미를 잃고 할 수 없이 살아가는 기가 막힌 가정들이었다. 가난하고 무지하며 병들고 찌들어서 부모 형제 어느 누구하나 돌아보는 사람이 없던 외로운 자들이었다. 그럼에도 불구하고 쓸데없는 자존심을 내세우고 자신들의 잘못을 절대로 인정하지 않는 자들로서, 세상 어디에서도 만나보기 힘든 고질병자들이었다. 하나님은 "세상에서 미련하고 약한 자들, 없고 천한 자들을 택하시고 세상에서 잘난 자들을 부끄럽게 하시고, 누구든지 하나님 앞에서 자랑하지 못하게 하려 하심이라"(고전 1:27-29)는 말씀대로 나에게 사명으로 주신 사람들이 바로 이런 사람들임을 깨닫게 되었다.

하나님은 목회사역 준비를 위해서 몇 년 동안 여러 교회들을 두루 다니며 심각한 사람들을 대상으로 사역을 하게 되었다. 성도들을 어떻게 가르치고 양육해야 할 것에 대해 가르치고 알려 주신 하나님은 목회에 필요한 것들을 미리 경험하게 하시고 준비가 된 후에 목회 길을 열어 주어 예비한 성도들을 보내주시고 목회사역을 감당하게 되었다.

교회가 이전하기 전에는 2년이 넘도록 가정이 교회였기 때문에 열심히 교인들을 섬겼다. 그래서 교회가 평안하고 별 문제가 없는 것 같았는데, 교회가 밖으로 이전하면서 문제가 생기기 시작했다. 주일 식사 준비와 청소 등 봉사 문제로 날마다 서로 다투고 싸우고 분쟁을 일삼아서 교회가 하루도 평안할 날이 없었다.

로마서와 갈라디아서를 통해 죄인임을 깨닫게 하는 것과 철저하게 회개하는 법을 가르치고 날마다 합심기도로 부르짖었다. 상담을 통해 성도들의 고통을 함께 나누고 위로하며, 사랑하는 마음으로 한 영혼씩 가슴에 품고 기도하면서 성도들이 차츰 변화되기 시작했다. 하나님은 합심해서 부르짖고 기도할 때마다 악한 것들이 떠나가면서 미련으로 얽힌 것들이 조금씩 벗겨지고 자신들의 추하고 더러운 모습을 보기 시작했다. 자기 자신들을 알게 되면서 하나님을 경외하는 신앙으로 변화되어 불순종하지 않으려고 노력했다.

성도들은 날마다 교만과 미움과 시기로 쓰러지고 넘어지는 것을 밥 먹듯이 하던 것이 5년간의 치유사역을 통해 비로소 죄인임을 깨닫게 되고 고집을 꺾게 되었다. 그때부터 쓰러지고 넘어지는 횟수가 차츰 줄어들고 삶 속에서 경건의 능력이 나타나기 시작했다. 이러한 성령의 역사로 치유를 경험하면서 성화의 삶으로 성령의 열매를 맺어갔다.

치유사역을 한 10년이 지나면서 주의 종에 대한 미안한 마음과 감사해 하는 사람으로 변화되었다. 과거의 자신들을 돌아보며 부끄러워하고 자신들이 그토록 패역하고 문제가 심각한 자들이었음을 공개적으로 고백하기도 했다. 10년간의 훈련의 결실로 교회가 평안해졌고, 복음의 능력이 나타나서 사랑의 수고와 헌신으로 하나님께 영광 돌리는 삶을 살아가고 있다. 이 모든 것이 하나님의 은혜로 되었음을 고백하며 하나님께 영광 돌린다.

2. 연구의 필요성 및 목적

지난 수십 년간 한국교회가 경험한 경제발달은 인간에게 삶의 질을 높이고 편리함을 가져왔지만, 치열한 생존경쟁으로 인해 사람들의 마음은 점점 각박해지고 황폐해지게 되었다. 이러한 현상으로 인간소외와 갈등은 우울증 환자와 정신질환자들의 증가로 인한 사회적인 문제는 우리나라뿐만 아니라 전 세계적인 현상이 되고 있다. 이러한 현실은 전 세계인들의 최대의 관심사가 "힐링"(healing)이라고 해도 과언이 아니다. 힐링이 과거에는 교회의 전유물로 사용되어지는 말이었다. 그러나 지금은 전 세계적으로 사회 전반에 걸쳐 힐링이라는 말을 많이 사용하고 있다. 얼마 전 일간지에서 우리나라도 정치, 경제, 사회 전반에 걸쳐 힐링이 필요한 시대라고 했다. 이처럼 힐링이라는 말을 많이 사용한다는 것은 사회 전반에 걸쳐 병이 들었으므로 치료가 절대적으로 필요하다는 것을 의미하기도 한다.

이러한 사회적인 현상은 교회라고 예외일 수 없다. 한국교회는 교회역사 120년이라는 짧은 기간에 놀랄만한 성장을 이루었지만, 외형적 모습을 중시하며 양적으로 많은 성장을 강조하는 목회관의 영향으로 참된 목회나 성도들의 교육이 이루어지지 않았다.[1) 한국교회는 성도들의 내적성장을 간과하고 외적 성장을 강조하는 목회

신학의 영향으로 영적능력을 상실하게 되므로, 오늘 절대 절명의 위기 앞에서 흔들리고 있다.[2] 교회는 복음전파와 함께 신자들의 내적 성장을 통하여 세상을 변화시켜야 하는 사명을 감당해야 한다. 그러나 목회자들이 말씀에 기초 없이, 그리스도를 향한 사랑과 형제애에 대한 관심이 없이 외적 성장에 치중하게 되므로 기독교 공동체에 크게 손상을 가져오게 되었다.[3]

이런 조류 속에서 사람들의 마음은 점점 각박해지고 불안함 속에서 심각한 문제가 있어도 드러내놓고 이야기할 수도 없는 현실이다. 더군다나 전통적인 교회는 개인이나 가정의 문제를 내어놓고 치유 받기에는 너무나 차갑고 거룩한 곳이 되었다.[4] 상처 입은 영혼들이 치유 받아야 할 교회가 오히려 상처를 주는 곳이 되어 버렸다. 사람들은 아픔과 고통의 문제해결을 위해 방황하며 갈등하게 되었다.

이러한 시대적 요구에 따라 내적 치유에 대하여 관심을 갖기 시작한 1990년대 이후부터 다양한 책들과 프로그램들이 소개되면서, 내적 치유는 급속도로 발전하여 기독교상담의 한 분야로 자리

---

1) 안명준, "한국교회의 신학적 문제점," 「복음과 신학」 제5권 (2002), 69.
2) 이동원, "한국교회와 설교," 「한국복음주의신학회」 제61권 (2013), 1.
3) 안명준, "한국교회의 신학적 문제점," 71-3.
4) 김준수, "내적치유의 이해와 치유목회적 적용," 「신학과 선교」 제6호 (2002), 305-6.

를 잡게 되었다. 일반적으로 내적 치유에 대해 데이비드 씨맨즈 (David A. Seamands)는 "상처받은 감정과 치유되지 못한 기억들을 목회적인 차원에서 돌보아 주고 그 치유를 위해 기도해 주는 것"이라고 정의하고 있다.[5]

내적 치유에 대한 관심으로 몇몇 대형교회에서는 성도들의 문제를 돕기 위해 상담실을 운영하기도 하며, 또한 목회현장에서 치유와 상담에 주력하는 많은 전문사역자들이 증가하고 있다. 뿐만 아니라 교회 외부의 여러 기관이나 선교단체 등에서 다양한 내적 치유 프로그램과 세미나 등을 통해 성도들의 상처와 아픔을 극복하고자 노력해 왔다.[6] 여기에 평신도를 비롯해 많은 목회자들까지도 참석해서 자신들의 고통의 문제가 해결되고 많은 도움을 받았다는 간증들을 통해 내적 치유가 실제로 긍정적인 요인이 있음을 부인할 수 없다. 그러나 국내에서의 내적 치유는 어떤 분야이고, 어떤 연구들이 어느 정도 이루어졌으며, 앞으로 어떤 연구들이 필요한가에 대하여 논의하는 학문적 정체성에 대한 논의가 별로 없이 무분별하게 사용되고 있다는 지적도 있다.[7]

---

5) David A. Seamands, 송헌복 역, 『상한 감정의 치유』 (서울: 두란노, 1992), 12.
6) 김영근, "글쓰기 고백을 활용한 내적치유 상담 프로그램 개발 및 효과 검증," (한남대학교 박사학위논문, 2006), 1.
7) 김영근, "말씀 묵상을 통한 내적치유 프로그램 개발," 「복음과 상담」 창간호 (2003), 211.

국내에서 사용하고 있는 대부분의 내적 치유 프로그램은 미국에서 수입하여 그대로 복사하거나 약간 변형시킨 것이다. 따라서 우리 문화나 정서에 맞지 않는 프로그램을 사용하게 되므로 여러 가지 문제들이 발생하게 된 직접적인 원인이기도 하다. 또한 내적 치유는 어려서부터 받은 많은 상처로 인해 마음 밭이 굳을 대로 굳어져 감정과 정서가 메마른 사람들에게 2주간의 단기 프로그램 참여로 변화를 기대하기가 어렵다. 설사 일시적인 변화를 받았다 할지라도 후속 조치가 전혀 없고 지속적으로 성경공부와 기도훈련 그리고 경건의 삶을 살 수 있도록 성화의 과정을 양육해 줄 수 있는 훈련 받은 지도자가 없다는 것이 문제이다. 뿐만 아니라 대부분의 내적 치유 프로그램에서 치유 수단으로 과거의 상처에 대한 공개적인 고백은 공동체 안에서 인간관계를 더욱 악화시키기도 한다. 또한 내적 치유를 축사사역과 동일시하여 인간이 가진 모든 문제를 마귀의 역사로 치부하므로 사람들은 더 많은 상처를 받게 되고 영적 혼란을 초래하기도 한다.

이와 같이 내적 치유에 대한 부정적이고 비판적인 요소들이 많음에도 불구하고 내적 치유는 이 시대에 절실히 요구되는 목회사역의 중요한 한 분야이다. 지금까지 내적 치유는 목회상담 분야에서 단순히 정서적인 혹은 심리적인 치유의 차원에 국한되어 왔다. 따라서 내적 치유에 대한 신학적이고 목회상담학적 연구가 절실하게 필요하다.

한국교회는 외적 성장을 강조하는 목회신학의 영향으로 교회는 영적능력을 상실하게 되면서, 선교단체나 교회기관에서 내적 치유 프로그램을 도입하여 문제들을 해결해 보려고 노력해 왔지만, 그리스도인의 구원의 필수적인 요소인 중생과 성화에 어떤 도움도 줄 수 없었고, 오히려 부정적이고 비판적인 결과를 낳게 되었다. 현재까지 내적 치유에 대한 연구들은 대부분 프로그램 위주의 논문들로서 장기적으로 목회에 직접적으로 적용하고 실천하기에는 어려운 문제들을 가지고 있었다.

따라서 본 연구는 그동안 한국교회가 외적 성장을 강조하는 목회신학과 우리나라 실정이나 문화를 고려하지 않고 수입해서 무분별하게 사용하고 있는 내적 치유 프로그램으로 인한 내적 치유의 부정적이고 비판적인 요소들을 해결하고자 한다. 따라서 성경에 기초한 신학적이고 목회상담학적 차원의 성화지향적 내적 치유를 한국교회에 제시하여 성경적인 교회로 거듭나게 하는데 기여하고자 한다.

더 나아가 기존의 내적 치유에서 단순히 감정이나 정서치유에 국한되어 왔던 것들을 영혼과 육체를 포함한 전인치유를 통한 회복과 영적성숙을 목표로 한다. 성화지향적 내적 치유의 목적인 인간 구원의 필수 요소인 중생과 성화를 위한 하나님의 말씀과 기도와 상담을 통해서 나타나는 성령의 역사로서 한 개인의 상처뿐만 아니라, 영혼과 육체 그리고 인격적인 문제를 해결하고 치유와 회복으로 그리스도를 닮은 성숙한 인격으로 성장하도록 하는데 필요한 치유사역이 될 것으로 기대한다.

3. 선행연구 고찰

내적 치유에 대한 많은 사람들의 관심과 시대적 필요에 따라 지금까지 연구된 국내 각 대학에서 석·박사 학위논문과 많은 학술논문이 발표 되었다. 본 연구에서 선행 연구 고찰은 내적 치유에 관한 최근까지 연구된 학자들의 학술논문들을 중점적으로 살펴보고자 한다.

고병인은 "내적 치유와 목회상담"에서 목양적·목회상담적 관섬에 있어서 치유와 지탱과 인도 그리고 화해의 관계가 상호보완적으로 목회현장에서 목회상담을 통한 회복과 내적치유가 비로소 이루어질 수 있다고 했다.[8] 따라서 치유는 전체성의 회복이며, 과거의 손상을 극복함으로써 거듭남의 의미를 깨달아 그리스도 안에

---

8) 고병인, "내적치유와 목회상담," 「한세대학교 논문집 」 제4권 (1993), 336.

서 참 자유를 느끼며 사는 것이 그리스도인의 삶이다.

정태기는 "기독교 치유목회의 흐름에 관한 연구"에서 내적 치유는 주의 깊은 치료자가 아니면 무리를 범할 수 있는 위험을 내포하고 있다[9]고 주장한다.

김홍근은 "내적치유에 대한 목회신학적 이해"에서 내적 치유란 인간 내면의 문제와 내면의 상처에 대한 치유로서 감정과 마음, 기억 등의 치유를 말한다. 내적 치유에 대한 명확한 이해를 돕기 위해 삼분설을 명확하게 해야 한다고 한다. 즉 영, 혼, 육을 인정해야 한다는 것이다. 혼은 정신활동을 일컫는 것으로서 정신이 상처를 입게 되면 육체적인 질병도 유발하게 된다는 것이다. 따라서 내적 치유에서 모든 병의 원인은 "혼의 문제" 즉 "정신문제"로 보고 있다. 그러므로 혼의 치유를 받아야만 육체적 질병도 고칠 수 있고, 이러한 내적 문제는 영적인 장애까지 가져와서 바른 영성을 수립할 수 없게 된다고 전제했다.[10] 즉 인간 내면에 대한 목회신학적 이해가 절대적으로 필요함을 말한다.

김준수는 "내적 치유의 이해와 치유목회적 적용"에서 내적 치유

---

9) 정태기, "기독교 치유목회의 흐름에 관한 연구." 「신학 연구」 제38호 (1997), 440.
10) 김홍근, "내적치유에 대한 목회 신학적 이해," 「한세대학교 논문집」 제13권 (1998), 176.

는 심리치료적인 인간의 마음 이해와 전통적인 신유사역이 결합되어져서 만들어진 독특한 치유영역이라고 볼 수 있고, 기독교 전통적인 신유사역의 한 변형된 형태라고 보아야 한다고 주장했다.[11] 내적 치유를 받아서 오랫동안 고통스러운 문제가 해결되는 경우도 있지만, 반대로 내적 치유를 받은 후에 내면의 문제가 해결되지 못한 부분이 너무 많아져서 정상적인 신앙생활을 미루고 지속적으로 치료를 받아야 하는 중독현상을 보이는 경우도 있다. 따라서 내적 치유는 아직도 이론이 체계적으로 정립되지 않은 사역으로서 성경적으로 조명되지 않았고 검증되지 않은 다양한 방법들을 사용하므로 출처가 불분명하다고 지적했다.

김영근은 "말씀 묵상을 통한 내적 치유 프로그램 개발"에서 사람들은 상처를 서로 주고받으며 살아가는데, 상처를 심하게 받을 때에 마음에 쓴 뿌리가 나서 상처를 준 사람에 대해서 분노하거나 적개심을 품게 되고, 반대로 상처를 준 사람은 죄의식으로 인한 어두운 그림자 속에서 살아가게 된다고 주장했다.[12] 지금까지 내적 치유에 대한 많은 연구가 있었지만 내적 치유가 목회상담학적으로 학문적 배경과 정체성에 대한 논의가 별로 없었다. 또한 내적 치유

---

11) 김준수, "내적치유의 이해와 치유 목회적적용," 286.
12) 김영근, "말씀 묵상을 통한 내적치유 프로그램 개발," 214-5.

에 대한 다양한 책들과 프로그램들이 있지만 체계적인 분석과 연구가 미흡했다고 지적한다.

이성훈은 내적 치유는 어떤 특별한 것을 다루는 것이 아니라 우리가 경험하고 있는 예수 그리스도의 복음과 성령의 역사, 하나님의 말씀을 근거로 하여 마음에 문제가 생겼을 때 스스로 해결해 나갈 수 있는 원리를 배우는 것이라고 주장했다.[13]

김성환은 "전인치유를 위한 내적 치유에 대한 목회상담학적 고찰"에서 목회상담적 내적 치유 개념은 총체적 전인치유의 핵심과정으로서, 개념적으로 영, 혼, 육과 지, 정, 의의 인격적 차원을 가진 전인(whole being)으로서의 인간 자체의 치유에 보다 집중하는 개념으로 구별되어 이해되어져야 할 것이라고 했다.[14]

강은주는 "기독인의 성화의 삶을 위한 내적 치유 도구로서의 글쓰기 치료"에서 내적 치유는 우리의 마음 밭에 있는 가시와 돌들을 걸러내어 옥토로 일구어서 하나님의 나라가 계속 성장하고 확장될 수 있도록 터전을 돌보고 가꾸는 것이라고 하여, 세상과 구별된 예수 그리스도를 닮아가는 작업(마 13:18-24)이 성화의 작업이요, 내적 치유의 작업이라고 볼 수 있다고 했다.[15] 즉 마음에 상처

---

13) 이성훈, 『내적치유』 (서울: 은혜문화, 1993), 27-8.
14) 김성환, "전인치유를 위한 내적치유에 대한 목회상담학적 고찰," 「성경과 상담」 제6권 (2006), 10.

가 된 원인들을 찾아내어 분석하는 과정을 통해 옥토로 재경작된 심령에 하나님의 말씀이 뿌리를 내리고 자라는 과정을 성화를 통해 이루어가야 할 그리스도인의 마음 밭이라고 했다.

내적 치유에 관심을 가지기 시작한 1992년부터 2013년 현재까지 연구된 내적 치유에 대한 국내 각 대학 석·박사 학위논문 734편 중에서 대부분이 석사학위 논문이고 박사학위 논문은 4편과 학자들의 학술 논문이 주제별로 다양하게 발표되었다.[16] 논문들을 주제별로 분류해 보면 내적 치유에 대한 정의적인 면을 다룬 것과 목회상담학적 관점, 용서의 관점, 신학적인 관점, 심리학적 관점, 치유목회적인 관점, 분석 및 평가, 방법론 및 목회적용 측면 등으로 분류되었다.

이와 같이 선행연구 고찰을 통해 살펴본 결과 지금까지 내적 치유에 대한 많은 관심과 연구에도 불구하고 내적 치유에서 드러난 내적 문제는 영적인 장애까지 가져오므로 바른 영성을 수립할 수 없게 된다고 전제했다.[17] 즉 인간 내면에 대한 목회신학적 이해가 절대적으로 필요함을 말한다. 내적 치유는 아직도 이론이 체계적

---

15) 강은주, "기독인의 성화의 삶을 위한 내적치유 도구로서의 글쓰기치료," 「신과 학문」 제12권 제3호, 51.

16) http://www.riss.kr/ 2013, 4, 15.

17) 김홍근, "내적치유에 대한 목회 신학적 이해," 176.

으로 정립되지 않은 사역으로서 성경적으로 조명되지 않았고 검증되지 않은 다양한 방법들을 사용하므로 출처가 불분명하다고 지적했다.[18] 또 다른 의견으로는 학문적 배경과 정체성에 대한 논의가 별로 없었다. 또한 내적 치유에 대한 다양한 책들과 프로그램들이 있지만 체계적인 분석과 연구가 미흡했다는 지적을 하고 있다.[19] 이외에도 여러 가지 문제점을 가지고 있다. 결과적으로 내적 치유에 대한 신학적이고 목회상담학적 연구가 필요하다. 이에 연구자는 지금까지 목회현장에서 겪은 오랜 경험과 체험을 바탕으로 한 성화지향적 내적 치유를 제시하고자 한다.

성화지향적 내적 치유는 성경에 기초한 신학적이고 목회상담학적 관점에서 이론화하여 목회현장에서 쉽게 적용할 수 있도록 한다. 그리하여 기존의 내적 치유 프로그램에서 나타난 교육, 설교, 강의식 세미나 형태가 인지적 효과와 일시적 감정정화의 효과는 있지만, 참여자들의 실질적인 덕목으로 변화시켜 새 사람으로 만들어가는 과정이 부족한 실정이다. 이를 개선하여 신학적인 체계와 목회상담학적 관점을 포함한 성화지향적 내적 치유를 통해 한국교회와 목회상담에 많은 유익을 끼칠 것으로 기대한다. 교회에

---

18) 김준수, "내적치유의 이해와 치유 목회적적용," 286.
19) 김영근, "말씀 묵상을 통한 내적치유 프로그램 개발," 211.

서 장기적으로 성경연구와 기도생활의 실천적인 훈련을 통하여 우리 내면에 있는 불신앙과 죄의 요소들에 대해 회개할 때 마음이 정화된다. 이러한 성결의 삶을 통해 예수 그리스도의 인격과 성품을 닮은 그리스도의 제자로서 하나님의 거룩한 백성으로 살 수 있도록 성령의 인도하심을 받게 한다. 그리하여 죄로 인해 하나님과 막혔던 담이 허물어지고 관계회복으로 중생과 성화의 삶을 통해 하나님께 영광 돌리게 하는 것이 성화지향적 내적 치유이다.

4. 연구질문

본 연구는 참여자들이 그리스도인으로서 구원과정에서 내적 치유를 통해서 변화를 경험하므로 중생과 성화의 삶으로 이어지는 과정을 심층분석한 것이다. 내적 치유가 중생과 성화의 삶에 어떠한 영향을 주며 중생과 성화로 연결되는 과정에서 겪게 되는 여러 가지 문제들을 어떻게 대처하고 극복해 나갔는지 알아볼 것이다. 이를 위하여 다음의 질문들을 선정하였다.

첫째, 내적 치유에서 과거 상처는 어떠한 과정을 통해서 치유를 경험했는가?

둘째, 내적 치유 이후에 성화의 경험 상황은 어떠한가?

셋째, 성화 경험의 결과로 나타나는 변화된 삶의 의미는 어떠한가?

Ⅱ. 이론적 배경

Ⅱ. 이론적 배경

1. 내적 치유에 관한 고찰

1) 내적 치유의 일반적 이해

내적 치유는 갑작스레 생겨난 것이 아니다. 내적 치유는 교회역사에서 그동안 여러 가지 방법으로 시행되어 온 기도와 상담을 통한 성령의 역사 중 현대적 사역의 한 줄기로 보기도 한다.[20] 내적 치유는 상한 감정들을 핵심적으로 다루는 것으로서 온전한 사람을 만드는데 목적을 두며 성령의 능력 하에서 이루어지는 사역이다. 인간이 가지고 있는 질병 중 대다수가 상한 감정이나 영적인 문제와 긴밀한 관계를 갖고 있다. 내적 치유는 사람들에게 상처가 되는

---

20) Mike Flynn & Doug Gregg, 오정현 역, 『내적치유와 영적 성숙』 (서울: 한국기독교학생회, 1996), 72-3.

문제들을 예수 그리스도의 능력으로 치유받기를 구하는 것이다. 일반적으로 내적 치유는 정서적인 또는 심리적인 차원의 좁은 의미에서 "상한 감정의 치유", "과거의 부정적 기억의 치유", 혹은 "깊은 차원의 치유", "정서적 상처의 치유"로 종종 불리우고 있다.

내적 치유에 대한 국내외 사역자들이 말하는 내적 치유에 대한 견해를 살펴보면 다음과 같다.

이성훈은 내적 치유는 별개의 치유방법을 나타내는 용어가 아니라 오로지 성경에 기초하여 성경적인 방법으로 내면의 문제를 치유하는 것으로서, 상한 마음에 초점을 맞춘다고 설명한다.[21] 따라서 내적 치유에서 마음의 병의 발생 원인과 과정도 오로지 성경에서 찾아낸다. 마음의 병에 대한 하나님의 뜻을 발견하고 치유하는 방법을 성경에서 찾아내어서 성경적 방법으로 우리의 내면을 치유하는 것이다.

주서택과 김선화에 의하면 내적 치유는 인간의 정신적 문제, 내면적인 문제를 기독교적인 관점에서 바라보고, 성경적인 방법으로 해결해 가는 성령의 능력을 통한 사역으로 전인치유를 목적으로 한다.[22]

---

21) 이성훈, 『상한 마음을 찾으시는 하나님』 (서울: 두란노, 1997), 159–60.
22) 주서택 · 김선화, 『내 마음 속에 울고 있는 내가 있어요』 (서울: 순출판사, 2001), 28.

박행렬은 내적 치유를 혼의 치유라고 부르면서 혼에 병이 생기는 것은 과거에 다른 사람으로부터 받은 상처가 축적된 경험들에 의해 자라는 것이라고 하였다. 이러한 상처는 나쁜 기억의 형태로 우리에게 영향을 준다고 하였다.[23]

데이비드 씨맨즈(David Seamands)는 내적 치유는 기억의 치유로서 어떤 유형의 감정적, 영적 문제들에 대한 성령의 능력에 초점을 맞추는 것으로 기독교상담과 기도의 한 형태라고 했다.[24]

베티 탭스콧(Betty Tapscott)은 내적 치유는 속사람의 치유로서 마음, 감정, 고통스런 기억, 꿈 등을 치유하는 것이라고 했다. 그것은 기도를 통해 원한, 거부감, 자기 연민, 우울, 죄의식, 공포, 열등감, 죄책감, 무가치함 등의 감정으로부터 자유로워지는 것이라고 했다. 따라서 내적 치유는 속사람의 치유로서 사람의 마음을 새롭게 하는 것이라고 했다.[25]

찰스 크래프트(Charles H. Kraft)는 내적 치유는 전인치유를 목적으로 하며, 내적 치유와 축사를 구분한다. 내적 치유는 상한 감정이나 영적인 부분에 입은 상처에 초점을 맞추기 때문에 영적인

---

23) 박행렬, 『기독인을 위한 전인치유 사역』 (서울: 나임, 1993), 150-1.
24) David A. Seamands, *Healing of Memories*, (Wheaton, IL: Victor, 1985), 24.
25) Betty Tapscott, *Inner Healing through Healing of Memories*, (Kingwood, TX: Hunter Publishing, 1975), 13.

것과 깊은 관련이 있다. 사람들의 무의식 속에 잠재해 있는 과거에 입은 상처의 기억들이 문제가 되어 건강한 삶을 방해하기 때문에 내적 치유는 기억의 치유에 특별히 초점을 맞추기도 한다.[26]

존 윔버와 케븐 스프링거(John Wimber & Keven Springer)는 과거에 받은 상처가 치유되는 것은 외적인 치유와 구분되는 개념으로 내적 치유라 불리우며, 내적 치유란 손상된 감정 등으로 고통을 받고 있는 사람들에게 성령께서 죄의 용서와 정서적인 회복을 이루어 주시는 과정이며, 곤경에 빠져 있는 우리 존재와 삶의 일정 영역에 복음의 능력이 역사할 수 있게 하는 것이라고 했다.[27]

마이크 플린과 더그 그래그(Mike Flynn & Doug Gregg)는 내적 치유는 우리의 삶 속에서 경험하는 감정적 상처를 치료하기 위해서 실제 사역 현장에서 적용 방법을 성령으로부터 배워야 한다. 따라서 내적 치유는 예수님이 과거의 상처들을 해결하시도록 그분께 의탁 드리며 그 상처의 부정적인 결과들을 치유해 주시도록 기도하는 것이다.[28]

위에서 제시한 것 같이 내적 치유에 대한 여러 사역자들의 견해

---

26) Charles H. Kraft, 윤수임 역, 『사악한 영을 대적하라』 (서울: 은성, 2006), 188.
27) John Wimber & Keven Springer, 이재범 역, 『능력치유』 (서울: 나단, 1991), 146.
28) Mike Flynn & Doug Gregg, 『내적치유와 영적성숙』 26-7.

를 정리해 보면 내적 치유는 인간 내면을 치유하는 것이다. 사역자들마다 초점이 조금씩 다르긴 하지만 공통적으로는 기독교신앙에 기초를 둔 사역이라고 할 수 있다. 또한 과거에 입은 상처들이 무의식 속에 남아 있어서 두려움, 죄책감 열등감, 분노, 무가치 등의 감정적인 문제들을 다루는 사역이다. 이러한 감정의 밑바닥에서 문제를 일으키는 나쁜 기억들을, 즉 상처받은 기억들을 성령의 능력으로 치유하여 온전한 사람으로 회복시키는데 목적을 두고 있다. 그러므로 내적 치유는 기독교 신앙에 기초를 두고 성령의 능력 하에서 이루어지는 치유사역으로서 기독교상담의 한 형태라고 할 수 있다.

2) 내적 치유 운동의 역사적 배경

(1) 내적 치유의 발생 배경

성경에는 내적 치유란 용어가 나와 있지는 않지만, 내적 치유의 실세와 필요성에 대해 성경의 거의 모든 부분에서 그 기본 원리들을 제시하고 있다.[29] 마태복음 22장 37절에서 예수님은 신명기 말씀을 인용하여, 제일 큰 계명이 "네 마음을 다하고 목숨을 다하고

---

29) 위의 책, 72-3.

뜻을 다하여 주 너의 하나님을 사랑하라"고 했다. 이 말씀은 우리
가 전인격을 다해 주님을 사랑하라는 뜻이 된다. 전 인격을 다해
주님을 사랑하려면 상한 마음과 상처받은 영혼이 치유 받아야 함
을 암시하고 있다.

신약성경에 나타난 예수의 사역과 초대교회 제자들의 사역을
통해서 활발하게 이루어졌던 치유사역은 몇몇 예외적인 경우를
제외하고는 거의 사라졌다. 이러한 교회의 치유사역이 교회사의
발전과 함께 사라지게 된 것은 교회 정통성 유지를 위한 이단과의
투쟁과 자연과학의 발달로 말미암아 전통적인 기독교 치유사역을
무가치한 것으로 여기게 되었기 때문이다. 이런 상황에서도 기독
교 치유사역은 교회의 주류가 아닌 비주류에서 부분적으로 유지
되어 왔다.

20세기에 이르러 교파를 초월하여 광범위하게 확산된 오순절
성령 은사 운동으로 내적 치유 운동이 나타나게 되었다. 오늘날 오
순절 은사주의자로 내적 치유의 선구자적 역할을 감당했던 인물로
아그네스 샌포드(Agnes Sanford)를 들 수 있다. 샌포드는 기독교
신앙치유운동의 탁월한 지도자로서, 치유 사역의 과정에서 내적
치유에 대한 많은 임상적 경험을 하게 되었는데, 그녀의 내적 치유
사역에 대해 사람들은 "기억의 치유"라고 불렀다.[30] 그러나 샌포
드는 말씀에 근거한 죄 고백의 사역(약 5:13-16)이라고 했다. 마음

속에 묻힌 과거의 용서하지 못한 죄나 용서받지 못한 채 잊어진 죄는 원치 않고 바람직하지 않은 행동들을 통해 나타날 수 있다. 만약 그런 죄들이 용서되고 마음이 씻기면 바람직하지 못한 행동들은 고쳐질 수 있다는 점을 자신의 내적 치유사역의 핵심으로 강조했다.[31] 샌포드의 내적 치유는 전반적으로 신앙치유의 맥락 속에서 성령의 사역을 특별히 강조했으며, 고백과 기도와 성례전을 주된 방법으로, 그리고 기도 방법에 있어서 이완법과 상상 기법을 보조적인 방법으로 사용하였다.

초기 내적 치유사역자들은 대체로 샌포드의 방식을 따라서 모든 치유기도에 상상력의 활용을 중요하게 취급했으며, 룻 카터 스태플톤(Ruth Carter Stapleton)은 이러한 방법론을 적극적으로 도입한 사람이다. 그는 억압된 기억을 되살리고 '마음의 아이가 협력하도록' 하는 방법으로 의도적인 상상 요법을 사용했다.[32]

프랜시스 맥너트(Francis MacNutt)도 샌포드 입장에서 신앙치유사역을 전개했다. 후에 그는 내적 치유가 "예수 그리스도는 우리가 기도하면 고쳐주신다는 희망"에 근거하는 치유사역이라고 했으며, 그는 치유모임에서 치유를 목적으로 환자에게 손을 얹을

---

30) 박영범, "내적치유 운동의 배경과 현황," 「복음과 상황」 제191호 (2006), 14.
31) 위의 책, 15.
32) 위의 책, 16.

때 일어나는 모종의 자연적 치유효과와 기도를 통하여 근심과 쓰라림의 뿌리가 제거되는 것 등을 들었다.[33] 이와 같이 초기 내적 치유자들의 오순절적 치유 운동은 내적인 상처에 주력한 것이 아니었다. 질병의 치유인 신유에 집중했지만, 질병의 치유와 내적인 상처의 치유가 동시에 일어나는 것을 경험하면서 서로 상관관계에 있음을 발견하게 되었다. 따라서 초기 신앙치유 운동은 자연스럽게 내적 치유 운동으로 발전하게 되었다.

(2) 심리학이 내적 치유에 끼친 영향

내적 치유 운동의 발생에는 오순절운동을 통한 신앙치유의 재발견이라는 요인 외에, 프로이트에 의한 무의식 세계의 발견이라는 요인이 크게 작용했다.[34] 프로이트(Sigmund Freud)는 인간 행동의 기본적인 동기가 무의식에 있는 것이며, 이 무의식의 대부분은 유아기의 경험에서 형성되는 것으로 보았다.[35] 프로이트는 최초로 무의식의 영역을 인간의 심리치료에 접목시켜서 이론을 체계화하여 심리학의 발전에 큰 공헌을 하였다.

---

33) 김영근, "글쓰기 고백을 활용한 내적치유 상담 프로그램 개발 및 효과 검증," 24.
34) 박영범, "내적치유 운동의 배경과 현황," 15-6.
35) 김영근, "글쓰기 고백을 활용한 내적치유 상담 프로그램 개발 및 효과 검증," 25.

프로이트가 발견한 인간 무의식에 잠재해 있는 유아기의 심리적 외상들이 인간들의 삶에 영향을 준다는 관점은, 내적 상처의 원인이 유아기에 상처받은 경험들로 인하여 성인이 되어서도 지속적으로 인간관계에서 또는 정서적인 문제의 원인이 된다는 인식과 맥을 같이한다. 프로이드와 같은 심리학자들의 인본주의적인 치료방법은 신앙치유 사역자들의 성령의 역사로 치유하는 방법과는 근본적으로 다르다. 그러나 신앙치유론자들로 하여금 인간 내면에 치유되지 못한 내적 상처에 깊은 관심을 갖게 했고,[36] 프로이트 이론은 내적 치유사역에 직·간접적으로 영향을 미쳤다고 할 수 있다. 또한 내적 치유 발전에 영향을 준 개념으로서, "내재아"(the child within or inner child)를 들 수 있다. 심리학자나 정신과 의사들 또는 중독증세를 치료하는 영역에 종사하는 전문가들이 유아기적 경험들이 현재에 어떠한 영향을 미치고 있는지를 이해하기 위해서 고안한 모델이다.[37] 특히 성격이 형성되는 유아기에 받은 부정적인 경험들이 어른이 된 후에도 정체성의 혼란을 가져오거나 부정적인 감정을 느끼는데 영향을 준다.[38] 심리치료에서 내재아에 관심을 갖게 된 것은 프로이트가 무의식 세계를 심리치료에 도입한

---

36) 박영범, "내적치유 운동의 배경과 현황," 25.
37) 김준수, "내적치유의 이해와 치유 목회적적용," 295.
38) 위의 논문, 295.

후이다. 또한 알코올 중독자 치료운동이 내재아라는 개념의 발달
에 영향을 주었다. 정신치료에서 내재아에 관한 연구가 활발해지
면서 알코올 중독자 가족치료에도 활용하게 되었다. 내재아는 처
음에는 심각한 문제로 병리적인 현상을 보이는 사람들을 돕기 위
해서 사용되었지만, 차츰 일반인들에게도 내재아에 문제가 있다고
판단되어 자신이 이해할 수 없는 감정적인 어려움의 근원을 과거
에 부모에게 받았던 상처에서 찾으려는 시도를 하게 되었다.[39]

기독교 치유사역은 인간의 기억을 치유하는 것과는 거리가 멀지
만, 심리학의 발전으로 인간이해가 보편화 되면서 심리치료에 중
점을 두게 되었다. 따라서 심리치료나 중독자 가족치료에서 출발
한 내재아의 개념이 기독교 치유사역에 접목되면서 본격적인 기독
교 내적 치유가 뿌리를 내리게 되었다.[40]

(3) 내적 치유 역사와 발전

내적 치유는 초대교회에서부터 수세기 동안 실시해 오던 전통적
인 신유 사역의 한 변형된 형태로 이해할 수 있다.[41] 초대교회에서
활발하게 실시하여 오던 치유사역은 콘스탄티누스의 승리로 인한

---

39) 위의 논문, 296.
40) 위의 논문, 295.
41) 김준수, "내적치유의 이해와 치유 목회적적용," 290.

교회의 박해가 종식되면서 치유사역의 쇠퇴기를 맞이하게 되었다.[42] 박해가 종식되면서 기독교는 점점 생명력을 잃어가기 시작했고 치유사역도 점차적으로 사라져 갔다.

내적 치유는 20세기에 이르러 초교파적으로 광범위하게 확산된 오순절 성령은사 운동의 부산물로 내적 치유운동이 등장하게 되었다.[43] 1960년대 후반 오순절 운동은 은사주의 운동의 부활로 많은 주류 교회들에 영향을 끼쳤다.[44]

내적 치유의 선구자인 샌포드는 목회학교를 설립하여 많은 사람들에게 영향을 끼쳤으며, 목회학교를 통해서 내적 치유 사역자들을 배출하게 되었다. 초기 내적 치유 사역자들로는 샌포드의 신앙 치유 사역과 자신들의 신앙체험과 임상적인 경험을 바탕으로 교파나 상황에 맞게 이론과 방법을 다양하게 발전시킨 자들이 있다.

마이클 스칸란(Michael Scanlan), 프랜시스 맥너트(Francis Macnutt)를 비롯하여 바바라 쉬레몬(Barbara Shlemon) 등의 가톨릭 신자들과 린 페인(Lenne Payne), 리타 베네트(Rita Bennett)와 같은 성공회 신자들, 토미 타이슨(Tommy Tyson), 데이비드

---

42) Morton T. Kelsey, 배상길 역, 『치유와 기독교』 (서울: 대한기독교출판사, 1996), 294.
43) 박영범, "내적치유 운동의 배경과 현황," 14.
44) Mike Flynn & Doug Gregg, 『내적치유와 영적성숙』, 30.

씨맨즈(David Seamands)와 같은 감리교인들과 존과 파울라 샌포드(John & Paula Sanford)와 같은 UCC회원들이 이 사역에 중요한 역할을 하였다.[45] 이들은 샌포드의 영향을 받았지만 그들의 교파나 상황에 맞게 내적 치유사역의 이론과 방법을 개발해서 사역해 왔다.

내적 치유의 획기적인 발전은 씨맨즈(David Seamands)와 샌포드(John & Paula Sanford)에 의해 이루어졌다. 이들은 심리학적 지식으로 이전의 내적 치유 사역자들에게서 결여된 문제분석과 진단능력의 개발을 위해 많은 노력의 결과로 내적 치유운동의 질을 향상시켰다. 그는 심리치료에서 사용하는 기억의 치료의 원리를 기독교적인 용어와 성경적인 구절들로 바꾸어서 기독교인들이 거부 반응 없이 수용할 수 있도록 목회자적인 입장에서 내적 치유를 목회에 접목시킨 선구자라 할 수 있다.[46] 신유사역을 강조하는 목회자인 존 윔버와 케븐 스프링거(John Wimber & Keven Springer)도 신유의 영역을 확장해서 과거에 받은 상처의 치유도 신유의 한 대상으로 두고 있다.[47]

국내 내적 치유에 크게 영향을 끼친 켈시(Morton T. Kelsey)의

---

45) 위의 책, 30.
46) 김준수, "내적치유의 이해와 치유 목회적적용," 297.
47) 위의 논문, 297.

“치유의 기독교”가 1986년에 먼저 발간되면서 내적 치유가 발전하는 계기를 마련하게 되었다고 할 수 있다. 켈시가 말한 치유의 의미는 육체적 질병뿐만 아니라 전인치유의 의미로 확장되어 받아들여지게 되었다. 켈시 이후 존 윔버(John Wimber)의 “능력치유”와 같은 책들이 계속적으로 소개되면서 많은 사람들이 치유에 대한 재해석과 관심의 확대를 가져오게 되면서 내적 치유에 대한 중요성을 인식하는 계기가 되었다. 이어서 씨맨즈(David Seamands)의 내적 치유의 대표적인 저서로 “치유하시는 은혜”와 “상한 감정의 치유” 등은 내적 치유의 교과서처럼 사용되어졌다. 그외에 찰스 셀(Charlse Sell), 벱티 탭스코트(Betty Tapscott), 찰스 크래프트(Charles Craft), 톰 마샬(Tom Marshall), 마이크 플린과 더그 그렉(Mike Flynn & Doug Gregg) 등 대표적인 내적 치유 사역자들의 저서가 지속적으로 국내에 소개되고 있다.

국내의 내적 치유사역은 이렇듯 외국 서적들이 번역되면서 많은 사람들에 의해 내적 치유에 관심을 갖기 시작했다. 그 후에 많은 사람들이 다양하게 내적 치유 사역을 하고 있다. 한편 국내의 내적 치유 사역자들의 저서로는 정신과 의사이며 내적 치유 사역자인 이성훈이 1992년에 최초로 “내적 치유”에 이어서 “상한 마음을 찾으시는 하나님” 대한 저서를 시작으로 90년대 후반부터 본격적으로 발간되기 시작하여 현재에 이르기까지 점차적으로 증가하고 있다.

국내 대표적인 내적 치유사역으로 예수전도단(YWAM)은 톰슨의 하나님의 다림줄(divine plumbline)을 가지고 내적 치유사역을 실시하는 것과 CCC(한국대학생선교회)의 내적 치유사역자인 주서택과 김선화 부부, 온누리교회가 두란노 서원을 중심으로 내적 치유사역을 보급하고 발전시키는 일을 담당하고 있다. 그 외에도 "내적 치유"의 저자인 이성훈은 길르앗 치유문화원, "내면세계의 치유"의 저자인 정태기의 치유목회연구원, "당신의 가정도 치유될 수 있다"의 저자인 정동섭도 저술 활동과 강의를 통하여 내적 치유사역자로 활동하고 있다. 성경 말씀에 근거하여 16단계로 된 내적 치유 교재인 "마음치유, 가족치유"의 저자인 김영근과 "내적 상처의 회복과 상담"의 저자인 강경호 등도 내적 치유사역을 해왔으며 이외에도 교회나 선교단체나 신학교에서 다양하게 활동하는 다수의 내적 치유사역자들이 있고 내적 치유는 다수의 신학교에서 기독교상담학의 주요 과목이 되었다.[48] 이와 같이 내적 치유는 국내외적으로 발전되고 있는데, 내적 치유에 대한 신학적, 심리학적으로 분명한 이론적 근거와 학문적 체계를 바탕으로 내적 치유가 만들어진다면 내적 치유는 더욱 발전할 수 있을 것이다.

---

48) 김영근, "글쓰기 고백을 활용한 내적치유 상담 프로그램 개발 및 효과 검증," 27.

3) 내적 치유 방법

내적 치유는 실제적으로 사용하는 사람에 따라 다양한 개념으로 이해되듯이 내적 치유의 실제적 과정도 사용하는 사람에 따라 다양한 방법으로 사용되고 있다.[49] 내적 치유방법에 대해 살펴보면 다음과 같다.

씨맨즈는 제일 먼저 문제의 근원이 된 아픈 기억들을 다시 회상하고 그 상처들을 드러내고 나눌 것을 제안한다. 자기를 드러내기 위하여 먼저 강의를 듣는 것이 필수이다. 먼저 세미나의 형식이나 또는 예배의 말씀선포를 통해서 자신을 이해하고 자신의 문제를 드러내는 것의 중요성을 깨달아야 한다. 이 과정을 통해서 자신이 피해자이고 상처를 받았음을 확인하도록 한다. 두 번째로 자신이 단순히 피해자만이 아니고 자신이 책임을 져야할 영역이 있음을 인식하게 한다. 세 번째로는 자신이 정말로 치유되기를 원한다는 마음의 결단을 하게 한다. 네 번째는 나에게 상처를 준 사람들과 자신을 용서하는 단계이다. 마지막으로는 기도를 통해서 성령의 도움을 구하는 단계이다. 성령의 조명하심과 깊은 곳까지 치유하시는 경험을 하는 것이다.

---

49) 김준수, "내적치유의 이해와 치유 목회적적용," 298.

신유은사를 강조하는 존 윔버는 기도사역을 강조한다. 그는 먼저 상대방에게 기도의 제목을 묻고 기도하는 과정에서 성령의 치유를 강조한다. 특히 마음의 상처를 치유하는 기도에 있어서 가장 필수적인 요소를 회개와 용서에 둔다. 또한 회심요법이라고 해서 과거의 체험들을 하나님의 관점에서 재조명하는 과정도 필수적이다.[50]

마이크 플린과 더그 그렉은 효과적인 내적 치유를 위해 필요한 방법을 제시한다.[51] 첫째는 치유능력에 대한 깨달음으로 회개를 통해 상처받은 기억들을 재조명하고 동시대성을 통해서 예수께서 과거의 사건에 임재하여 치유가 일어나도록 한다. 둘째는 우리의 죄와 연약함을 치유로 바꾸어 주시는 하나님의 사랑과 용서를 체험한다. 셋째는 자신을 위한 기도가 온전한 인격으로 자라게 하고, 긍정적인 미래를 열어서 그리스도의 장성한 분량에 이르도록 하나님께서 도와주신다.

찰스 크래프트는 내적 치유사역의 핵심을 기도로 본다. 내적 치유 사역 과정은 6단계의 과정을 살펴보면 다음과 같다.[52] 1단계에서 성령의 도우심을 위한 준비 기도를 한다. 2단계에서 긴장과 두

---

50) John Wimber & Keven Springer, 「능력치유」, 160–66.

51) Mike Flynn & Doug Gregg, 「내적치유와 영적성숙」, 97–144.

52) Charles H. Kraft, 이윤호 역 「깊은 상처를 치유하시는 하나님」 (서울: 은성, 1995), 113–22.

려움에서 벗어나도록 평화의 축복을 한다. 3단계에서 가장 좋은 방법은 짧은 시간 동안 인터뷰하고 미진한 점은 반복법을 이용함으로써 충분한 정보를 알아낸다. 4단계에서 어떤 것을 먼저 할 것인지 성령의 인도를 받는 기도를 한다. 5단계에서 과거의 상처를 치유하는 과정에서 상상력을 사용한다. 6단계에서는 상담으로 들어가서 예수님과 함께 있는 모습을 상상하는 훈련과 성경을 읽게 한다.

크래프트의 6단계 치유방법을 사용함에 있어서 주의해야 할 점은 항상 성령의 인도를 따라야 한다.

국내 내적 치유사역자들의 치유방법은 일반적으로 기독교 정신에 바탕을 두고 있다. 그러나 기관이나 사람에 따라 그 강조점에서 다소 차이가 있다. 인간의 영적인 문제, 심리적인 마음의 문제들을 성경적인 방법으로 치유사역이 행해지는 대표적인 사역자와 기관에 대해 살펴보면 다음과 같다.

성경적인 내적 치유의 대표적인 인물로 이성훈은 내적 치유과정으로 세미나의 여러 과정을 공부하는 가운데 치유를 받는 단계적인 과정이 있다. 여기에는 내적 치유에 대한 이해에서부터 다양한 마음이해, 또는 성경인물들을 연구하면서 하나님의 치유를 배우는 과정들이 있다. 그러나 세미나의 지식전달보다는 부흥회 형식으로 기도회를 통해서 다양한 숨은 감정들이 드러나는 과정을

중요시한다.[53)

CCC에서 내적 치유를 하는 주서택과 김선화 부부는 CCC 성경 공부교재와 브루스 탐슨(Bruce Thompson)의 하나님의 다림줄을 결합해서 9과정으로 된 내적 치유 교재를 편집해서 2박 3일의 집중 프로그램으로 세미나를 통해서 강의와 기도를 통한 치유를 하고 있다.

국내에서 최초로 내적 치유 사역에 관심을 가지고 프로그램을 실시한 YWAM(예수전도단)은 나름대로 제자학교(Disciple Training School)라는 3개월 훈련과 2개월 현장사역이라는 합숙 훈련 프로그램을 운영하고 있다. 훈련 프로그램에서 가장 중요한 것이 내적 치유 프로그램으로 쓴 뿌리 치유, 하나님의 다림줄 등이 있다. 여기에는 일반적으로 3일은 강의 중심이고 2일은 "깨어진 마음 고백하기"를 통한 상처받은 마음을 나누고 치료자의 사역과 성령의 도우심을 통해서 상한 마음이 건강한 마음으로 회복되는 과정이다.

---

53) 이성훈, 『상한 마음을 찾으시는 하나님』, 163-4.

4) 내적 치유 효과

내적 치유가 시대적으로 필요로 한다는 이야기는 내적 치유가 효과가 있다는 것을 말해주고 있다. 내적 치유에 관한 논문들과 내적 치유사역자들의 저서들은 내적 치유에 대한 효과들을 강조하고 있다. 내적 치유사역자들은 치유효과로서 상한 마음의 치유, 자존감의 증진, 가정회복, 자기이해증진, 타인이해 및 수용, 건강한 영성회복, 육체적 건강회복, 치유자로서 세움받기 등을 제시한다.[54] 본 연구에서는 내적치유의 감정적, 영적 효과 중심으로 설명하고자 한다.

(1) 감정 치유

감정은 사람의 내면을 지, 정, 의 세 부분으로 봤을 때 가장 쉽게 상처를 받는다. 감정이 상처를 받으면 정서적인 성장이 멈추게 된나. 즉감성의 영역에 어떤 문제가 생기면 문제가 되는 경험을 잊지 못함으로 다시 반응할 수 없고 결국 그 영역에서 더 이상의 성장을 할 수 없다.[55] 따라서 신체적, 지적, 사회적으로 심지어 영적으로

---

54) 김영근, "글쓰기 고백을 활용한 내적치유 상담 프로그램 개발 및 효과 검증," 43.
55) Tom Marshall, 예수전도단 역, 『자유케 된 자아』 (고양: 예수전도단, 2012), 78-9.

계속 성장할 수 있지만, 정서적 성장의 어떤 부분은 여전히 미성숙 상태로 묶여 있을 수 있다. 심리학자들은 미성숙에 대해 정신적, 정서적, 사회적 문제를 일으키는 요인이라는 사실에 동의한다.[56]

상한 감정으로부터의 치유는 부정적인 정서(분노, 원한, 미움, 증오, 슬픔 등)로부터 자유로워지는 것을 말한다. 반대로 긍정적인 정서(부정적 정서의 소멸, 동정심, 사랑 등)의 반응을 나타내는 것이다. 우리는 상한 감정의 치유효과를 위해서는 부정적인 정서의 한 부분인 분노가 상처 혹은 잘못된 것을 지각함으로써 유발되는 불쾌감과 적대감이다. 이러한 분노의 감정은 다른 감정과 마찬가지로 하나님이 우리 인간에게 주신 감정인데 분노가 무조건 나쁜 것은 아니다. 감정의 바른 처리를 하지 못할 때 우리는 하나님의 뜻을 따르기보다는 자신들의 충동을 드러냄 때문에 부정적인 결과로 나타나기도 한다.[57] 내적 치유의 중요한 치료 방법인 회개와 용서는 상한 감정을 치유하는데 효과적이다.

(2) 관계회복

일반적으로 상처가 많은 사람일수록 바른 대인관계를 형성하지 못하고 때로 우울증으로, 이상 성격으로, 자신감의 결여로, 불신으

---

56) 위의 책, 79.
57) 주서택 · 김선화, 『내 마음 속에 울고 있는 내가 있어요』, 148.

로, 분노로, 원한으로, 슬픔으로, 그리고 여러 가지 육체적 질병으로 나타난다. 따라서 상처가 많은 사람은 바른 신앙을 갖지 못하고 사단이 좋아하는 인격을 형성하게 된다.[58]

내적 치유에서 가장 먼저 경험하게 되는 것은 하나님과의 관계 회복이다. 상처로 인해 하나님에 대한 자신의 잘못된 시각으로 자신이 만든 하나님을 합리화하여 하나님의 진리를 왜곡시키는 것에서 벗어나, 하나님의 사랑을 깨닫게 됨으로 하나님이 주시는 참된 기쁨을 경험하게 된다. 주님과의 신실한 사랑은 자유와 안정감을 주며, 자신의 정체성에 대한 안정감을 가지고 다른 사람들을 사랑하고 섬기는 것을 배워간다.

우리는 하나님과의 바른 관계를 가질 때 평안을 얻게 되고 삶의 목적과 의미를 발견함으로 사랑과 기쁨을 누리며 살아가게 된다. 내적 치유는 대인관계에서 받은 상처들이 분노와 같은 부정적 상태에서 벗어나게 된다. 따라서 내적인 마음의 상처가 치유되므로 신앙과 인격의 성숙을 이루게 되어 이웃관계에서도 회복의 효과가 나타난다. 또한 내적 치유는 그리스도를 닮아가며 하나님의 성품에 참여하게 함으로써 수직적 차원의 관계회복을 가져와 영적 안녕을 가질 수 있도록 효과를 발한다.[59]

---

58) 김홍근, "내적 치유에 대한 목회 신학적 이해," 188.

(3) 자존감 회복

오늘날 많은 사람들이 낮은 자존감으로 고통을 당하며 살아가고 있다. 사람들은 대인관계에서 부당한 상처를 경험하게 되면 자존감에 심각한 손상을 입고, 낮은 자존감을 형성하게 된다. 낮은 자존감은 부정적인 자아상을 가지고 있으므로 스스로 자기를 비하함으로 자기증오를 통해 자기패배적인 행동을 하게 된다.

브루스 리치필드(Bruce Litchfield)는 낮은 자존감을 가진 자는 사람에게 집착하고 의존하는 의존성에 빠지기 쉽고 결국 자신의 정체성을 잃기 쉽다고 주장한다.[60] 그리스도인의 자기정체성은 그리스도 안에서 사랑받는 하나님의 자녀임을 믿는 것이다. 이러한 자기정체성의 형성은 예수 그리스도를 자신의 구주로 영접할 때 확신으로 주어지는 것이다.[61] 그리스도인들 가운데 자기정체성이 분명한 사람들도 있지만, 자기정체성이 바르게 형성되지 못하고 왜곡되어서 하나님의 사랑받는 자녀로서 살아가지 못하는 사람들도 있다. 정체성이 왜곡된 사람들은 거절당한 경험으로 인해 정서적인 면에서 슬픔과 아픔을 겪게 된다. 따라서 외로움에 빠지게 되

---

59) 김영근, "글쓰기 고백을 활용한 내적치유 상담 프로그램 개발 및 효과 검증," 49.

60) Bruce Litchfield, 예수전도단 역, 『하나님께 바로서기』 (고양: 예수전도단, 2000), 59.

61) 고후 5:17

어 낮은 자존감을 갖게 된다.

심수명은 낮은 자존감의 치유를 위해서 지각하기, 감정직면, 감정표현, 자기사랑, 자기애를 넘어서 이웃사랑하기 등이 필요하다고 했다.[62] 김영근은 말씀묵상을 통한 내적 치유 프로그램을 통해서 자신의 가치를 자각하게 함으로써 낮은 자존감을 회복하는데 효과가 있다고 했다.[63]

주서택과 김선화와 정태기는 내적 치유를 통해 낮은 자존감을 갖게 했던 거짓 신분증을 떼어내고 하나님의 사랑받는 참된 신분증을 갖도록 함으로써 자존감의 효과가 있다고 했다.[64] 특히 김광수는 내적 치유의 중요한 방법이 용서인데 상처받은 사람이 상처 준 사람을 용서하게 되면 스스로 자비하고 선한 사람으로 인식하게 되고 상처받은 사람의 자존감을 북돋아 주는데 효과가 있다고 주장한다.[65] 이와 같이 내적 치유의 경험은 하나님의 사랑받는 자녀라는 확신을 갖게 한다. 따라서 자신의 가치를 깨닫고 수용하게 되어 자신의 참된 모습을 돌아보게 되므로 치유를 경험하게 된다.

---

62) 김영근, "글쓰기 고백을 활용한 내적치유 상담 프로그램 개발 및 효과 검증," 48.
63) 위의 논문, 228.
64) 위의 논문, 48.
65) 위의 논문, 48.

2. 성화지향적 내적 치유

1) 성화지향적 내적 치유 의미

성화지향적 내적 치유는 성경적인 치유방법으로서 하나님의 말씀에 근거하여 치유가 행해지는 것이다. 성화 지향적 내적 치유에 대한 근거는 모든 사람이 죄인이라는 것(롬 3:23)에 근거한다. 칼빈(John Calvin)은 인간의 본성이 부패하였으므로 인간의 모든 능력은 오염되고 부패하여 본성에서 순결하거나 진지한 것이 나올 수 없다는 주장은 어거스틴의 생각과 같이한다.[66] 따라서 인간의 모든 욕망은 악하며 죄라고 가르친다. 존 웨슬리(John Wesley)에 의하면 하나님의 선행 은총이 없다면 인간이 선을 행할 수 있는 능력이 없으며, 동시에 하나님께서 인간 속에서 역사하기 때문에 인간은 책임을 져야 한다고 주장한다.[67] 인간의 문제는 죄와 관련이 있다. 죄가 세상에 들어옴으로써 초래되는 삶의 고통은 죄에 대한 형벌이다. 루이스 벌코프(Louis Berkhof)는 인간에게 있어 모든 영적인 문제와 육체적인 문제가 죄와 관련이 있다는 것에 대해서 다음과 같이 말한다.

---

66) John Calvin, 김종흡 역, 『기독교 강요(중)』 (서울: 생명의 말씀사, 2004), 93.
67) 조종남, 『요한웨슬리의 신학』 (서울: 대한기독교서회, 2005), 165.

죄는 인간 삶 전체를 교란시킨다. 인간의 육신적인 삶은 연약성과 질병의 포로가 되어 있으며, 그로 인해 불안과 쓰라린 고통이 초래된다. 그의 정신생활도 그를 좌절하게 만드는 갖가지 방해거리 때문에 고통을 겪는다. 이로 인하여 그는 삶의 기쁨을 빼앗기고, 일상적인 의무를 담당할 기력을 상실하며, 때로는 정신적인 균형을 완전히 잃고 만다. 그의 영혼 자체가 이미 갈등하는 사상·열정·욕망의 전투장이 되고 만다. 의지는 지성의 판단을 따르기를 거부하고, 열정은 지적인 의지의 통제에서 벗어나 제멋대로 날뛴다. 참된 삶의 조화가 파괴되고, 저주스러운 분열된 삶의 모습이 드러난다. 인간은 해체의 상태에 들어가며, 이때 아주 독초와도 같은 고통이 뒤따른다. 한걸음 더 나아가서, 피조물 전체가 허무한 것과 부패의 굴레에 굴복한다.[68]

이와 같이 죄는 인간과 하나님과의 분리라는 관계단절을 가져오게 되었고, 분리는 죽음을 의미한다. 인간은 살아 계신 하나님과 교제할 때만 결국 참된 삶을 살 수 있다. 그러나 범죄로 인해 죄가 세상에 들어옴으로써 죽음을 초래하게 되었다. 초래된 죽음 상태 안에서 우리는 죄책을 짊어지지 않을 수 없으며, 이 죄책은 예수 그리스도의 구속 행위를 통해서만 제거될 수 있다.[69]

---

68) Louis Berkhof, 권수경, 이상원 역, 『조직신학』 (파주: 크리스챤 다이제스트, 2007), 480.
69) 위의 책, 479.

초대교회에서 사도들은 오순절 성령받은 후에 말씀을 가르치고 회개하는 자들에게 세례를 베풀었다. 따라서 신자는 말씀을 받고 회개하며 중생의 은혜를 통하여 거룩한 삶이 가능하다. 우리의 성화의 근거는 성령이시므로 하나님의 영이신 성령을 통한 성화교육이 필요하다.[70]

벌코프는 성화란 성령께서 죄인을 죄의 부패에서 깨끗하게 하시며, 그의 전체성을 하나님의 형상으로 갱신하여 죄인으로 하여금 선한 일을 할 수 있게 하시는 성령의 은혜로우시며 계속적인 사역이라고 했다.[71] 그러므로 성화는 중생을 통해 죄인인 우리를 거룩하게 하시는 하나님의 은혜의 역사로서 칭의에 기초한다.[72]

칼빈은 "그리스도는 우리에게 의와 거룩함과 구속함이 되셨다(고전 1:30)"는 사실에 근거하여 칭의와 성화를 분리하지 않고, 구원과정에서 생기는 각 요소들을 믿음으로 그리스도와의 연합을 통하여 얻게 되는 열매로 보았다. 그러므로 믿음으로 칭의된 자는 반드시 거룩한 행위로 의로움을 이루어 나아가야 한다. 성화는 "말의 교리가 아니라 삶의 교리이며" 다른 학문과 같이 이해력과 암

---

70) 박준영 · 김갑수, "칼빈의 인간론과 성화교육에 따른 교육실천,"「교육사상연구」제24권 제1호 (2010), 86.

71) Louis Berkhof, *Sistematic Theology* (Grand Rapids: Eerdmans, 1974), 532.

72) 유정우, "구원론에 있어서 성화의 위치: 칼빈과 웨슬리를 중심하여,"「평택대학교 논문집」제 7권 (1995), 43.

기력으로 파악 되는 것이 아니라, 전 영혼이 성화에 사로잡힐 때 파악되는 것이다.[73] 그러므로 성화는 하나님을 섬기기 위해 계속적으로 신자의 육을 죽이고 영을 살림으로써 신자 안에 있는 하나님의 형상을 회복시키는 성령의 사역이다.[74] 성화의 동기는 하나님께서 신자를 부르신 목적이 신자의 거룩한 삶이며, 구원에 대한 감사를 잊어버리지 않는 것이며, 성화의 목표는 하나님을 영화롭게 하는 것이다.[75]

웨슬리는 칭의와 성화를 엄격하게 구분했으며 이 둘은 동시에 일어난다고 보았다. 그는 구원의 은총에서 칭의는 죄책으로부터 구원을 말하고, 성화는 죄의 뿌리로부터 구원으로 하나님의 형상을 회복하는 점진적 과정을 의미한다. 중생이 위로부터 성령으로 거듭나는 것을 의미한다면 그것은 순간적인 관계의 변화일 뿐 아니라 하나님의 능력에 의해서 내적으로 새로워지는 진정한 변화를 가져오는 것이라고 말했다.[76] 웨슬리는 "실제적인 변화"를 중요하게 여겼으며, 우리가 신생할 때 성화로서 순간성화를 말하며 내적 성결과 외적 성결의 기초가 된다.[77] 완전한 성화는 성결한 삶이 순

---

73) John Calvin, 『기독교 강요(중)』, 196-7.
74) 유창형, 『존 칼빈의 성화론』 (용인: 도서출판 목양, 2009), 65.
75) 위의 책, 69.
76) 박문수, "존 웨슬리의 온전성화론에 있어서 "순간과 과정" 모티브의 통합적 이해," (아세아연합신학대학교 박사학위논문, 2001), 100.

간적인 상태에 머무르는 것이 아니라, 역동적인 은총의 역사 가운데 회개와 믿음의 계속적인 과정에서 책임감을 갖고 응답하며, 궁극적인 구원의 목표를 향하여 성장해 가는 과정이다.[78] 하나님의 사랑 안에 거하며 관계를 시작하는 것이며, 하나님을 사랑하며 하나님의 형상을 회복되어 그리스도의 장성한 분량에 이르게 하는 것이다.[79]

케직의 성화론은 두 단계로 분류되며, 하나는 신분상의 성화로서 중생을 통한 죄의 세력으로부터 자유함을 얻는 것과 또 하나의 단계는 신분상의 성화가 자신의 일상적인 삶 속에서 경험되어지는 것으로서 나타나는 경험적인 성화라고 부른다. 케직(Keswick)영성의 핵심은 그리스도인의 성결이다.[80] 성화를 "믿음에 의한 성결"로서 죄악에 대한 완전한 승리를 약속하지만, "의식적인 죄로부터 승리"에 한정시킴으로 이중성을 나타낸다.[81]

아더 피어선(Arthur T. Pierson)은 케직의 성령론을 견지하여 중생과 성화는 구분하면서 중생은 즉각적으로 이루어지지만 성화

---

77) 위의 논문, 101.

78) 위의 논문, 103-4.

79) 조종남, "웨슬리의 성화론,"「신학과 선교」제1권 (1972), 96-7.

80) 류원렬, "아더 피어선(Arthur T. Pierson)의 사역과 설교 특징 연구,"「신학과 실천」제32호 (2012), 353.

81) 천영숙, "케직 교의에 나타난 성화론과 오순절 신학의 관계,"「한영논단」제10권 (2006), 19-22.

는 점진적으로 이루어진다고 주장했다.[82] 그는 성화의 주체자로서 예수 그리스도와 성령의 사역을 동시에 강조한다. 한편으로는 웨슬리안 성결론자들처럼 완전주의자들을 반대하며 점진적 성화를 이야기 하고, 다른 한편으로는 개혁주의자들처럼 인간적 노력보다는 예수 그리스도의 안식을 통한 성화를 강조함으로써 웨슬리안과 개혁주의 성화론을 조화롭게 결합한 전통적인 케직의 가르침을 대변하고 있다.[83]

오직 믿음에 의해 성화가 이루어진다는 것과 성화가 하나님의 주권적인 은혜의 선물이라는 점에서 칼빈과 웨슬리는 견해를 같이 한다. 그러나 믿음에 의해 완전한 성화가 이루어지기까지는 성화의 수단을 부지런히 사용하면서 하나님의 역사를 기다려야 한다고 하므로 인간의 책임을 강조했다.

성화는 성령으로 거듭난 신자들이 하나님의 뜻에 순종하며, 성화의 삶을 살기 위해서 하나님의 계명을 따라야 한다.[84] 따라서 신자는 말씀을 받고 회개하며 중생의 은혜를 통해 거룩한 삶을 살아야 한다. 성화는 모든 죄에서 깨끗케 하시는 하나님의 역사로서 그리스도인의 삶의 과정에서 매우 중요하며 그리스도와의 연합을 통

---

82) 조규형, "아더 피어선과 케직사경회,"「평택대학교 신학논단」제11권 (2013), 12.
83) 위의 논문, 13.
84) 안명준, "칼빈의 신학적 윤리관,"「복음과 신학」제4권 제1호 (2001), 4.

해서 얻어지는 것이다.[85] 믿는 자들은 하나님에 의해 선택받은 거룩한 자들이지만, 언제나 영의 열매인 성화를 맺는 그들의 사명을 이루기 위해서 매일 죄의 용서를 위해 기도해야 한다.[86]

성화지향적 내적 치유는 하나님의 뜻을 따라 계명을 지키고, 날마다 회개하는 삶을 통해 회개에 합당한 열매를 맺고, 경건과 선한 일에 힘써야 한다. 성령의 역사를 통해 책임감을 가지고 성화의 삶을 살게 함은 하나님의 전적인 은혜의 결과이다. 따라서 하나님의 구원의 은혜에 감사하며, 성화된 삶은 모든 일에 하나님의 주권을 인정하고 실천적인 삶으로 하나님께 영광 돌리는 것이 성화지향적 내적 치유의 목적이다.

2) 성화지향적 내적 치유의 성경적 근거

모든 사람이 죄를 범하였으므로 사망이 모든 사람에게 이르게 되었다(롬 5:12). 아담의 범죄로 인해서 모든 인류는 죄의 노예가 되었고, 이 죄는 영원한 부패를 가져오게 되었다. 이 부패는 인류의 연대성 때문에 그의 후손에게 부패한 본성을 물려주었다.[87] 그

---

85) 천영숙, "오순절 신학과 웨슬리안 성화론의 관계," 「한영논단」 제7권 (2003), 38.
86) 천영숙, "거룩함의 의미에 관한 고찰," 「한영논단」 제 11권 (2007), 16-7.

러므로 아담의 죄는 모든 사람의 죄라고 할 수 있다.

아담의 죄는 전인에 전염됨으로써 남아 있는 부분이 없이 인간의 몸과 영혼의 모든 권능과 기능이 손상을 입게 되어 전적 타락을 입게 되었다고 성경은 말한다(창 6:5, 시 14:3, 롬 7:18).[88] 따라서 전적 타락은 성령을 통하여 하나님과 교제를 나누는 삶을 상실해 버린 것으로서, 하나님의 형상을 상실했다는 말이다. 따라서 아담은 참된 생명과 복의 근원으로부터 단절되었으며, 그 결과로 영적인 죽음이 초래되었다.[89]

죄는 혼의 어느 한 기관에 거하는 것이 아니라 마음에 거한다.[90] 성경은 만물보다 거짓되고 심히 부패한 것이 사람의 마음이라고 한다.(렘 17:9) 마음은 지, 정, 의를 포함한 전 인격을 가리킨다.[91] 즉 마음에서 악한 생각이 나오고 살인과 도적질 그리고 간음과 음란과 거짓증거와 훼방과 같은 죄를 짓게 된다(마 15:19). 따라서 죄는 인간 내부의 어느 일부분만이 아니라 전 심령에 자리를 잡고 전 인에게 미치게 된다. 뿐만 아니라 죄는 외부로 나타나는 행동에도 존재하고(마 5:22) 죄악된 성향이나 영혼의 상태에도 존재한다(마

---

87) Louis Berkhof, 『조직신학』, 435-6.
88) 위의 책, 440.
89) 위의 책, 447.
90) 위의 책, 449.
91) 하문호, 『교의신학(인간론)』 (서울: 그리심, 2000), 107.

5:28). 죄는 인간 심령 자체를 더럽혀서 어둡고 완악하며, 무지하
게 만든다(엡 4:17-18).[92] 죄를 범하면 우리의 마음이 더러워지고
어두워져서 감각이 무디어지게 되어 마음이 완악해지고 강팍하게
되어 하나님의 뜻을 알 수도 없고 행할 수도 없게 되어 온갖 죄에
빠지게 된다.

그리스도인이 점점 자범죄들로부터 해방되기를 기대하지만, 죄
악에 대한 완전한 승리를 부인한다(요일 1:8-10, 갈 5:17, 롬
7:14-25).[93] "의인은 없나니 하나도 없다"고 말씀하신대로 이 세
상의 모든 인간은 죄의 영향 아래 살아갈 수밖에 없다. 신자는 그
리스도의 보혈의 공로로 의롭다 하심을 입었지만 불완전한 요소를
가지고 있고, 옛 습관을 가지고 있기 때문에 죄를 지을 수밖에 없
다(마 18:7). 죄는 하나님과 영적관계에서 지대한 영향을 미치므로
우리 자신이 죄인임을 깨닫게 되므로 회개와 구원의 시작이 되는
중요한 인식이다.[94] 그러므로 하나님의 거룩성 앞에서 모든 사람
들은 자신의 죄인됨을 인정할 수밖에 없다.

하나님은 우리가 진실된 마음으로 회개하는 자에게 죄에 대한
욕망을 제거한다. 그렇지만 죄악된 세상을 살아가는 인간은 죄로

---

92) 위의 책, 107-8.
93) 천영숙, "케직 교의에 나타난 성화론과 오순절 신학의 관계," 20.
94) Disciples' Publisher & Bible Net, 제자원 역, 『옥스퍼드 원어성경대전』 제
　　28권 (서울: 제자원, 2006), 366-78.

부터 완전히 벗어날 수는 없지만 우리가 죄에 대하여 자백할 때 주께서 우리의 구체적인 죄를 용서해 주실 뿐만 아니라 성령을 통해 육체의 욕심을 따르지 않도록 해 주는 것이다(갈 5:16).

예수께서 죄인을 불러 회개시키려 왔다는 것과 병든 자에게 의원이 필요하다는 말씀은 모든 사람이 죄인이며 영육이 병든 사람이므로 치유를 필요로 한다. 인간은 근본적으로 타락했기 때문에 회개하고 하나님께로 돌아와야 한다.[95] 하나님은 "누구든지 죄악을 돌이켜 회개하면 찢으셨으나 도로 낫게 하시는" 은혜로우신 분이시다(호 6:1). 우리 자신의 불완전함과 죄악됨을 주님 앞에 인정하고 고백함으로 사함을 얻고 주님이 주시는 기쁨과 자유와 해방을 누리게 된다. 세상에는 죄 없는 사람이 없으므로 모든 사람은 치유를 절대적으로 필요로 한다.

3) 성화지향적 내적 치유 방법

(1) 1단계: 진단 및 고백

일반 상담 및 심리치료에서 심리적 외상을 치유하는 가장 중요한 방법 가운데 하나가 고백이다. 정화는 억눌렸던 감정의 발산으

---

95) 오성종, "참 회개 운동,"「교회와 한국문제」제22권 (1993), 22.

로서 고백과 밀접한 관련이 있다.

익명의 알콜 중독자 치료모임(Alcoholic Anonymous, AA)에서의 치료기법은 중독자들이 다른 중독자 앞에서 자신의 문제를 진솔하게 고백하도록 함으로써 치료효과를 극대화 시킨다.[96] 이러한 고백 경험을 통해 수많은 시간 동안 저주받은 감정들이 감금에서 탈출해서 나오고 그것들이 노출되자마자 기적적으로 사라지고 고통이 가라앉으면 치유가 일어난다고 에네스트 쿠르즈(Ernest Kurtz)는 주장하고 있다.[97] 사실 인간의 독특한 태도와 행동에 대해서 단순히 "죄"라고만 판단하기 어려운 것들을 심리학적으로 이해해 볼 수 있으며 심리학이 그 설명력을 대신하기도 한다.[98]

신앙은 심리학적으로 이해할 수 없는 독특한 면이 있기 때문에 심리학적 기준으로만 인간을 분석, 이해, 진단하는 것에는 문제가 있다. 왜냐하면 일반 상담이나 심리치료에서는 죄라는 개념 자체가 없기 때문에 죄로 인해 발생된 문제는 정확하게 진단해 내기가 어렵게 되거나 잘못된 진단에 의한 잘못된 상담을 할 수도 있다.[99]

---

96) 전요섭, 『효과적인 기독교상담기법』 (서울: 기독교문서선교회, 2009), 279.
97) Ernest Kurtz, "Twelve Step Programs," in Peter H. Vanness, (ed), *Spiritulity and the Secular Quest*, (New York: Crossroad, 1996). 279–80, 재인용.
98) 전요섭, 『효과적인 기독교상담기법』, 198.
99) 위의 책, 198.

그러므로 기독교상담에서는 판단의 기준이 성경이고 내담자의 죄를 다룬다는 점에서 일반상담 및 심리치료는 확연히 다른 차이가 있다. 따라서 심리치료에서 내담자가 가지고 있는 문제를 해결하기 위해서 문제의 본질을 파악하고 알아내는 작업이 중요한 것 같이 목회에서도 신자들의 영적 상태를 올바르게 판단하는 것이 중요하다. 그러나 목회상담에서 심리적인 면에만 의존한다면 신자들의 문제를 올바르게 해결할 수 없다.

인간은 영적 존재이므로 인간의 문제는 표면적 원인보다는 영적 진단을 해야 한다. 예수는 사마리아 여인의 영적 무지(요 4:10)와 현재 처한 상황을 통해 효과적이고 훌륭한 상담자의 모습을 보여주고 있다.[100] 윌리엄 베커스(William Backus)도 어떤 것에든 문제의 배후에는 영적인 이유가 존재하기 마련이라고 분석했다.[101] 이는 일반 상담 및 심리치료가 인간 문제의 근본적인 해결방안이 아니라는 의미라고 볼 수 있다.

바울은 죄를 없애려고 하지 말고 죄가 왕노릇하지 못하게 하라고 한다. 우리가 살아 있는 동안 죄는 반드시 우리 지체 속에 있으므로 그 지배권을 빼앗아야 하고, 죄가 명령하는 것을 행하지 말라

---

100) Gary R. Collins, *Christian Counseling*, (Nashville: Thomas Neloson, 2007), 203, 재인용.
101) 전요섭, 『효과적인 기독교상담기법』, 198.

고 했다.[102] 죄의 지속적인 권세 앞에서 무력한 육신의 사람은 율법에 의해 의지가 고양된다 하더라도 죄에게 통제 당하므로 육신은, 선한 갈망이 행동으로 옮겨지지 못하도록 방해한다.[103] 중생하여 성화의 과정에서 선이 무엇인지 알고 그것을 행하고 싶어 하면서도 그것을 행할 능력이 없는 것을 말한다. 그러므로 성령의 도움 없이는 인간은 죄의 권세에 사로잡혀 실제로 선을 행하고 싶을 때조차도 계속해서 악을 행하게 된다. 우리 속에 선한 것이 없으며, 우리 스스로 선을 행할 능력이 없는 존재이다. 그러나 그리스도 안에 있는 하나님의 값없이 주시는 은혜로 말미암아 죄사함을 받음과 동시에 그리스도 안에 있는 믿음으로 죄의 권세는 상실되고 성화할 수 있다.[104] 그러므로 죄는 은혜 아래 거하는 자 즉 하나님의 사랑 안에 머무른 자 안에서는 왕노릇하지 못한다.[105]

웨슬리에 의하면 개인적인 죄도 되는 원죄의 실재가 모든 인류의 형벌로서 찾아오는 죽음을 맛본다는 사실과 고통의 대가이므로, 우리는 하나님 앞에서 죄인임을 고백하여야 한다고 했다.[106]

---

102) John Calvin, 김종흡 역 『기독교 강요 (중)』, 94.
103) James D. G. Dunn, 김철 · 채천석 역 『WBC 성경주석 로마서(상)』 (서울: 도서출판 솔로몬, 2013), 696.
104) Herald Lindström, 전종옥 역, 『웨슬리와 성화』 (서울: 기독교대한감리회, 1998), 53.
105) 위의 책, 53.
106) 위의 책, 47.

그러므로 우리는 죄인임을 인정하고 하나님 앞에 겸손히 나와 성령의 능력으로 회개하는 삶을 통해 죄가 왕노릇하지 못하도록 하나님의 사랑 안에 거하는 삶을 살아야 할 것이다. 죄는 처음에는 손님처럼 오지만 이것을 물리치지 못하면 친구처럼 가까워지고, 그래도 단호하게 결단하지 못하면 죄가 왕처럼 다스리게 되어 죄의 종이 되고 만다.[107] "만일 우리가 우리 죄를 자백하면 그는 미쁘시고 의로우사 우리 죄를 사하시며 우리를 모든 불의에서 깨끗하게 하실 것이라"(요일 1:9)고 하여, 죄가 당장에는 별 문제가 되지 않는 것처럼 느껴지지만, 회개하지 아니하고 방치하면 죄의 포로가 되어 심각한 결과를 낳게 된다. 우리는 하나님의 자비하심과 사랑을 믿기에 우리의 죄를 고백하고 사죄의 은총을 입어야 한다.[108]

(2) 2단계: 회개(롬 1:28-32, 갈 5:19-21)

그리스도와 요한이 "회개하라 천국이 가까웠느니라"(마 3:2, 4:17)는 말은 회개하지 않는 자가 천국에 합당하지 아니하다는 것이다. 천국은 회개하는 자라야 들어갈 수 있음을 말한다(마 3:8절). 천국의 주인이신 예수는 천국에로의 초청이 반드시 "회개"라는 조건임을 말한다. 세례 요한은 자기에게 나오는 자들을 향하여

---

107) 이상규, 『구약의 메시지』 (용인: 킹덤북스, 2013), 184.
108) 위의 책, 81.

"회개에 합당한 열매를 맺으라"(마 3:8)고 하여 회개한 자는 그에 상응하는 열매를 맺어야 함을 의미한다. 회개는 "주께로 돌아서라 또는 돌아가라", "바른 정신을 차리라", 또는 "회개하라"(마 3:2) 등의 말은 같은 뜻으로 서로 바꿔 쓰인다.[109] 따라서 회개는 육신의 정욕대로 방탕하게 살던 사람들이 돌아서서 자신의 뜻을 꺾고 하나님의 말씀에 순종하며, 하나님께서 원하시는 대로 행하는 것이다. 그러므로 하나님 나라의 백성으로 살아가려면 죄악과 불의를 떨쳐버리고 거룩한 믿음과 삶의 자세를 지녀야 한다.[110] 진정한 회개는 신앙과 분리되어서는 결코 존재할 수 없으며, 반면 진정한 신앙이 있는 곳에서는 실제적인 회개가 존재한다.[111]

누가는 누가복음 19장 1-10절에서 영생을 사모해서 예수께 나아온 삭개오가 남의 것을 속여 빼앗은 것에 대해 네 갑절로 갚겠다고 하므로 회개에 대한 결단을 보여주고 있다. 즉 삭개오는 자신의 행위를 도둑질로 인정하고(출 22:1, 삼하 12:6) 예수께 용서받기를 원하는 마음을 잘 표현한 것이다. 삭개오의 이러한 회개의 고백에 대해 예수는 그가 구원 받은 자라는 증거로 아브라함의 자손이라고 인정해 주었다. 삭개오는 예수와의 만남의 이야기를 통해 우리

---

109) John Calvin, 『기독교 강요(중)』, 84.
110) James D. G. Dunn, 『WBC 성경주석 (로마서 상)』, 696.
111) Louis Berkhof, 『조직신학』, 736.

는 죄에 오염되어 더러워진 인간의 자아 발견과 회개를 가져오게 됨을 보여준다.

진정한 회개는 신앙의 열매 중의 하나이다. 이와 같이 회개의 근원이 믿음에 있다고 할 때에 우리 자신이 하나님의 것임을 알지 못하는 사람은 진심으로 회개할 수 없다.[112] 따라서 성령이 지배하지 않는 곳에 올바른 생활이 있을 수 없으며, 하나님을 경외하지 않는 자가 율법을 지키지 않기 때문이다. 즉 마음속의 회개가 외적 생활의 구체적 모습으로 나타나야 함을 의미한다. 이와 같은 열매는 그리스도인의 전체 생활에서 나타나는 외적 변화이다. 이것은 참회의 결과로서 오는 변화이며 참으로 뉘우치는 마음으로부터 온다.[113] 회개의 또 다른 열매는 형제를 용서하고, 악을 행하지 아니하고 선을 행하며, 하나님으로부터 얻은 은혜의 방편을 이용하여, 자신이 받은 은혜에 따라 복종하는 삶을 사는 것이다.[114]

오순절에 임한 성령은 단순히 제자들이 복음전파를 위한 하나님의 능력으로의 덧입힘을 넘어서, 그 복음을 듣는 자들 가운데서 회개하고 예수의 이름으로 세례를 받는 모든 자들에게 임했다. 따라서 하나님의 성령은 약속의 선물로서 하나님의 구원받은 백성이

---

112) John Calvin, 『기독교 강요(중)』, 80.
113) Herald Lindström, 『웨슬리와 성화』, 126-7.
114) 위의 책, 126.

되게 하였다. 이러한 사실은 바울이 이야기 하는 양자의 영으로서의 성령의 역할을 수행한다고 볼 수 있다(갈 4:4-6).[115] 선포된 말씀에 대한 사람들의 회개와 예수 이름으로 받은 세례의 결과로 임한 성령으로 말미암아 하나님의 새 백성이 탄생하게 되었다.

예수께서 갈릴리 사람들이 빌라도에 의해 뜻하지 않은 죽음과 실로암 망대가 무너져서 열여덟 사람이 사망한(눅 13:1-5) 사건을 예를 들어 교훈하시고, 이어서 열매 없는 무화과나무를 저주(눅 13:6-9)를 통해 "너희도 만일 회개하지 아니하면 다 이와 같이 망한다"(눅 13:3, 5)고 말씀하셨다. 따라서 회개는 단순히 심리적인 측면만 아니라 하나님께 대한 인간의 태도가 근본적으로 변화되어 그 삶 속에서 회개에 합당한 열매를 맺어야 한다(눅 3:7-14)는 것을 강조하고 있다. 모든 인간은 하나님 앞에서 다 죄인임(롬 3:10-12)을 깨달아서 자신의 죄를 회개하는 자로 살아야 한다. 따라서 누가복음 13장1-9절 말씀을 통해서 그리스도인으로서 마땅히 회개에 합당한 열매를 맺어야 하고 열매 맺는 삶을 살지 아니하면 갑작스런 재난을 피할 수 없음을 잘 보여주고 있다.

칼빈은 회개에 대해서 세 가지로 정의 한다. 첫째로, 하나님께로 돌아서는 것이다.[116] 즉 하나님께로 삶의 방향을 바꾸는 것이다.

---

115) 이승현, 『성령』 (용인: 킹덤북스, 2012), 220.
116) John Calvin, 『기독교 강요(중)』, 85.

그것은 외적인 행위뿐만 아니라 영혼 자체가 바뀌는 것을 말한다. 회개의 진상을 가장 잘 나타낸 것은 예레미아 4장 말씀으로 "이스라엘아 네가 돌아오려거든 내게로 돌아오라, 너희 묵은 땅을 갈고 가시덤불 속에 파종하지 말라……너희는 스스로 할례를 행하여 너희 마음 가죽을 베고 나 여호와께 속하라"(렘 4:1, 3-4). 여기서 이스라엘은 무엇보다도 가장 깊은 마음 속에서 사악한 생각을 버리지 않으면, 의를 행하고자 하여도 아무 것도 성취할 수 없음을 주께서 단정한다. 하나님은 두 마음을 품은 자들을 미워한다(약 1:8). 하나님은 위선적으로 회개하는 척하면서 회개에 합당한 열매를 맺지 않는 자들을 싫어하며, 하나님이 원하시는 회개는 진지하고 올바른 회개가 무엇인지를 깨닫게 한다.

둘째로, 회개는 하나님을 두려워할 때 생긴다.[117] 즉 하나님을 두려워하지 않으면 회개할 수 없다. 죄인의 마음이 회개를 하려면 먼저 하나님의 심판을 생각하고 정신을 차려야 하기 때문이다. 하나님께 대한 두려움이 회개의 시작이 되는 또 다른 이유는 사람이 아무리 모든 덕으로 가득찼다고 하더라도 하나님을 경배하지 않는다면, 그런 사람은 세상에서는 칭찬을 받겠지만 하늘에서는 가증한 것에 불과할 것이다.[118] 모든 인간에 가장 중요한 것은 하나님께

---

117) 위의 책, 86.
118) 위의 책, 87.

영광 돌리는 것인데, 하나님의 지배하에 복종하지 않는 것은 하나님의 영광을 가로채는 악한 행위이기 때문이다.

셋째로, 회개는 육을 죽이고 영을 살리는 것이다.[119] 하나님은 이스라엘을 향하여 "너희는 스스로 씻으며 스스로 깨끗하게 하여 내 목전에서 너희 악업을 버리며 악행을 그치고 선행을 배우며 공의를 구하며 학대받는 자를 도와주며"(사 1: 16-17)라고 하였다. 그들이 하나님과의 관계와 인간관계에 있어서 정의를 회복해야 함을 말한다. 즉 악과 패역함이 가득한 육을 전멸시키라는 것이다.[120] 우리 자신이 타고난 본성은 무엇이든지 선한 것이 없으므로 우리 자신을 부정하라는 것이다. 우리 자신을 부정하는 것이 순종하는 첫 걸음이다. 따라서 우리는 옛 사람을 벗어 버리고 세상과 육에 포기하며 우리의 악한 욕심과 작별하고 새로워진 심령으로 살아가라는 명령을 받았다(엡 4:22-23).

웨슬리가 말하는 치유란 객관적인 죄책과 유전되어 온 죄의 부패성을 말하는 것으로서 이 해결책이 하나님께로부터 오며, 그 역사를 삼위일체 하나님의 역사와 연결시켰다.[121] 웨슬리의 구원단계를 죄문제와 연결시켜 이해하면 ①원죄로 인한 죄책은 하나님께

---

119) 위의 책, 87.
120) 위의 책, 87.
121) 조종남, 『요한웨슬리의 신학』, 173-4.

서 값없이 모든 사람에게 주시는 선행적 은총, 곧 예수 그리스도의 대속의 공로로 해결된다. 따라서 선행적 은총아래 있는 실존적 인간은 원죄의 부패성 때문에 자범죄를 짓게 된다. ②자범죄로 인한 죄책은 의인에서 용서 받아야 한다.[122] ③누적된 죄의 부패성은 성화의 과정에서 씻음을 받게 된다. 이 성화는 신생의 사건으로부터 시작되어 온전한 성화에 이르며, 그 후도 성장을 계속하여 영화로 완결된다. ④영화에서는 죄로 인한 모든 제약성과 허약성에서 해방되는 것으로 현재의 구원은 죄문제의 해결과 연결 시켰다. 따라서 거듭난 후에도 그리스도인에게는 항상 죄가 현존하므로 그 안에는 언제나 본성과 은혜 즉 육신과 영이 싸우고 있으므로 성장의 계속을 위해서 회개가 필요하다고 주장했다.[123]

피어선은 성령의 기름부음이란 회개하고, 성화하는 능력이라고 강조한다. 즉, 회심을 통한 경건, 성결의 삶은 성령의 역사의 결과라고 말한다. 죄의 해결 방식으로 파괴(destructive), 정화(purgative), 교정(corrective), 자양(nutritive)를 제안한다.[124] 이

---

122) 웨슬리 신학에서 "의인"은 죄책에서 용서받고 하나님의 사랑을 받는 자리로 회복되는 것을 의미한다. 이는 하나님께서 화목제물, 즉 그의 아들의 보혈로 인하여 지난 날의 죄들을 용서함으로 자기 의를 나타내는 하나님의 의로운 행위이다.

123) 조종남, 『요한웨슬리의 신학』, 128

124) 조규형, "아더 피어선과 케직사경회," 13.

와 같이 피어선은 성화의 주체자로서 예수 그리스도와 성령의 사역을 통해 죄 문제를 해결할 수 있다고 했다.[125] 따라서 성령의 기름부음이란 회개하고, 성화하는 능력이라고 강조한다. 즉, 회심을 통한 경건, 성결의 삶은 성령의 역사의 결과라고 말한다.[126]

회심을 통한 성령의 내주로 하나님의 거룩한 백성이 된 그리스도인들은 하나님과 지속적으로 인격적인 관계를 맺게 된다. 하나님의 성전이 된 그리스도인들은 육체와 영혼의 온갖 더러운 것에서 자신을 깨끗하게 해야 한다(고후 7:1). 회개는 믿음의 결과이다. 회개와 죄의 용서는 우리에게 값없이 주시는 우리의 믿음을 통해서 얻게 되는 것이다. 이러한 회개의 근거에는 복음이 있으며, 믿음은 복음을 받아들인다.[127] 성경은 회심의 절대성에 대해 "사람이 거듭나지 아니하면 하나님 나라를 볼 수 없느니라"(요 3:3)고 명백하게 말하고 있다.[128] 따라서 하나님 나라에 들어가려면 회개가 필수적이므로 우리는 날마다 우리 자신을 쳐서 하나님께 굴복시켜야 한다. 우리 자신이 성령에 의해 성화되지만 육신을 입고 사는 동안에는 많은 죄와 무기력에 둘러싸여 있다. 우리는 죄로 얽혀 있는

---

125) 위의 논문, 13.
126) 류원렬, "아더 피어선(Arthur T. Pierson)의 사역과 설교 특징 연구," 357.
127) 조종남, 『요한웨슬리의 신학』, 85.
128) Louis Berkhof, 『조직신학』, 740.

자신이 날마다 죄와 싸워서 육신의 유혹에도 순식간에 말려들지 않도록 감시해야 된다. 죄는 인간 존재에 영향을 미치므로 죄가 우리 자신의 몸을 지배하고 통제하지 못하도록 내버려 두지 말아야 한다. 죄는 사람이 그 죄에 복종할 때에만 오직 지배할 수 있다.[129] 하나님은 모든 사람이 회개하여 구원에 이르기를 원하신다. 인간은 본성 자체가 부패했기 때문에 우리는 날마다 회개하는 자로 살아야 한다. 회개는 감정적이거나 일시적인 변화가 아닌 그리스도인의 전 생애에 걸쳐서 해야 할 일이다.[130]

(3) 3단계: 순종

우리는 사무엘서를 통해 특히 강조하고 있는 것이 순종이라는 것을 알 수 있다. "순종이 제사보다 낫다"(삼상 15:22)에서 사무엘이 말하는 순종은 맹목적인 것이 아니라 하나님의 말씀에 마음으로 동의하며, 동의한 말씀이 가르치는 교훈대로 실천하는 삶을 순종이라는 말로 표현하고 있다.[131] 순종은 믿음의 고백을 통해 죄에 대하여 죽고 하나님에 대하여 산 자가 될 때 비로소 순종의 삶을

---

129) 위의 책, 582.
130) 김문기, "경건주의와 목회적인 적용," 「평택대학교 논문집」 제10권 제2호 (1998), 28.
131) 변순복, 「하나님의 선택받은 민족의 삶의 역사서」 (서울: 정금, 2006), 103.

살 수 있게 된다. 로마서 6장 12절에서 "죄가 너희 죽을 몸을 지배하지 못하게 하여 몸의 사욕에 순종하지 말라"고 한다. 죄는 단순히 인간의 일부만 지배하는 것이 아니라, 이 세상과 시대에 속한 전체로서 인간을 지배한다.[132] 그리스도와 연합하여 그리스도 안에서 새로운 피조물인 새 사람은 성령의 능력을 힘입어 죄와 맞서서 싸워야 한다. 그리스도와의 일체는 육체적인 욕망에서 오는 압도적인 충동을 막아주고 인간의 만족을 위한 의존성을 조절할 수 있는 가능성과 능력을 얻게 한다. 이는 단순한 가능성으로서도 아니고, 또 그리스도와의 일체성을 떠나서는 불가능하다. 성령은 신자를 하나님과 새로운 관계에 끌어들이고 그를 그리스도 안에서 새로운 순종의 삶 가운데로 인도하는 분이다.[133]

바울은 로마서 6:12-14에서 순종에 대하여 그리스도인이 세례를 통하여 그리스도의 죽으심과 부활에 동참하면 새로운 피조물이 되며, 더 이상 죄의 지배를 받지 않고 하나님의 통치영역에 들어오게 되어 새로운 삶을 살게 된다고 말한다. 그러므로 세례를 통한 그리스도와의 연합이라는 신학적 사고는 순종의 삶이라는 실천적 명령과 조화를 이룬다.[134] 그리스도의 순종은 신자의 순종을 연계

---

132) James D. G. Dunn, 『WBC 성경주석 (로마서 상)』, 582.
133) 이한수, "이신칭의와 선행의 윤리," 「신학지남」 제64권 제4호 (1997), 136.

하며, 그리스도 안에 있는 믿음(롬 5:16-17) 안에서 순종함으로 구체화 한다.[135]

바울은 의가 어떤 의미에서 순종의 산물과 결과를 나타내며, 그것은 하나님에 의해 가능하게 되는 순종과 하나님의 선물로서 주어진 의에 의해 자격이 부여된다고 했다.[136]

칼빈은 성령에 의해 순종하며 따르는 삶이란 더 이상 자신이 사는 것이 아니라 그리스도께서 자기 안에 살며 그가 지배하는 것을 들으며 사는 것이며, 성령의 인도함을 받는 것이라고 했다.[137] 따라서 중생의 씻음과 성령의 새롭게 하심으로 거룩함과 의롭다 하심을 받았지만, 그리스도인들은 죄의 오염에서 자유롭지 못하다. 따라서 하나님의 자녀는 영으로써 몸의 행실들 옛 사람 곧 죄의 뿌리를 억제하고 죄를 죽임으로 성령의 지배를 받고 충만케 될 때 그에게 전적으로 순종하여 거룩하게 된다.

진정한 자유는 "몸의 행실을 죽이라"(롬 8:13)는 하나님의 명령을 따라서 살 때만이 가능하다. 죄를 죽이는 성화의 과정은 하나님

---

134) 김천수, "로마서에 나타난 믿음과 순종에 관한 연구," (백석대학교 박사학위 논문, 2009), 53.
135) 김천수, "아담의 불순종에 대한 그리스도의 순종: 로마서 5:15-21을 중심으로," 「한영논단」 제13권 (2009), 108-9.
136) James D. G. Dunn, 「WBC 성경주석 (로마서 상)」, 591.
137) 안명준, "칼빈의 신학적 윤리관," 88.

의 명령에 응답하는 신자의 순종으로 실행된다.[138] 우리는 의심 많고 좌절하는 자이지만, 하나님의 일방적인 은혜로 말미암아 그 분을 의지하고 그 분 안에서 그 분의 뜻을 순종할 수 있으며, 순종은 반드시 변화된 삶의 열매로 나타난다.[139] 그러므로 참된 자유는 자신을 하나님께 드리고 자신의 의지를 순종의 삶에 헌신할 때 얻을 수 있다. 우리는 그리스도를 주인으로 섬기며 매일매일 하나님 앞에서 순종을 통한 실천하는 삶을 살아야 하며, 경건의 비밀을 유지하기 위해서 부단히 하나님의 말씀과 기도로 성화되어져야 할 것이다.

(4) 4단계: 감사

감사는 그리스도께서 우리를 선택한 사실을 신뢰하는 마음으로 하나님께 감사하게 함으로써 우리를 겸손하게 하는 기능을 가진다.[140] 감사는 감정이 아니라 의지로서 하나님께 대한 의존의 태도이며, 그리스도 안에 있는 하나님의 구원 행위에 순종적으로 반응

---

138) 박동국, "바울의 성화론 내에서의 몸의 행실 죽이기(롬 8:13)," (아세아연합신학대학교 박사학위논문, 2009), 66.

139) 이광희, "개혁주의 영성이해를 위한 소고: 총체적 영성을 위하여,"「복음과신학」제2권 제2호 (1999), 290.

140) 이한수, "하나님의 주권적 선택과 그리스도인의 책임: 바울서신에 나타난 선택과 구원의 확실성의 관계에 대한 성경신학적 접근,"「신학지남」제58권 제4호 (1991), 88.

하는 신자의 전폭적인 헌신을 의미한다.[141] 그리스도인은 삶의 상황에서 하나님의 구원 행위에 응답하여 믿음으로 순종하고 사랑으로 헌신하며 소망으로 인내하여 감사로 하나님께 영광 돌리는 것이다(살전 1:3).

감사의 대표적인 예로 "범사에 감사하라"(살전 5:18)는 전반적인 삶의 특징으로서 감사의 차원을 말한다. 매일의 삶의 경험이 하나님께 빚을 지고 있으며, 따라서 자신의 삶과 삶의 경험이 하나님의 선물이라고 인식하며 하나님께 합당한 영광을 돌리는 것이다.[142] 바울의 증언처럼 환란 중에 기뻐하며 항상 감사하는 삶을 살아갈 때 깨끗하게 빈 질그릇 속에만 거룩하고 찬란한 보화가 담기게 될 것이다.[143]

누가복음 17장 11-19절에 나타난 열 문둥병자 사건에서 열 명의 문둥병자들 모두 예수에 대한 믿음으로 깨끗함을 입었다(눅 17:14). 그런데 그 중에 사마리아 문둥병자 한 명만 자신을 치유한 자가 예수임을 깨닫고 예수께 감사하러 왔음을 강조하고 있다. 그는 "큰 소리로 하나님께 영광을 돌리며 돌아와 예수의 발 아래 엎드리어 감사하니 그는 사마리아 사람이라"(눅 17:15-16). 예수께로

---

141) James D. G. Dunn, 『WBC 성경주석 (로마서 상)』, 482.
142) 위의 책, 178.
143) 이후정, 『성화의 길』 (서울: 대한기독교서회, 2009), 246.

부터 다같이 고침을 받았음에도 사마리아인 한 사람만 돌아와서 감사의 표현을 했다. "예수께서 열 사람이 다 깨끗함을 받지 아니하였느냐 그 아홉은 어디 있느냐"(눅 17:17). 병 고침을 받았으면 하나님께 대한 감사하는 심정으로 예수께 돌아와 감사의 표현을 하는 것이 마땅함에도 불구하고 은혜에 감사하지 아니함을 보고 예수께서 통탄해 하셨다. 이에 예수께서 사마리아 인에게 "일어나 가라 네 믿음이 너를 구원하였다"(눅 17:19)고 말씀하시므로 육체적 해방은 열 문둥병자 모두가 경험했지만, 진정한 구원은 사마리아인 단 한 사람만 영혼 구원을 경험할 수 있었다. 그러므로 하나님의 은혜를 진정으로 깨닫는 자만이 하나님께서 베풀어 주신 은혜에 감사할 수 있고 영혼의 구원을 경험할 수 있음을 잘 보여 주고 있다. 그리고 열 명 가운데 단 한 명만이 이 은혜를 누렸다는 사실은 많은 사람들이 복음의 은혜를 접하기는 하지만 영혼 구원에 이르는 자가 많지 않다는 사실을 통해서 하나님께서 베풀어 주신 은혜에 대한 진정한 감사가 얼마나 중요한지를 말해주고 있다.

감사는 "죄에 대한 고백"으로 보기도 한다. 하나님은 상한 심령으로 자복하고 회개하는 것을 형식적인 제사보다 원하신다(시 51:17)는 사실은, 제사에 대한 바른 정신과 의미를 알고 제사를 드리라는 것이다.[144] 감사의 제사, 찬송의 제사는 사람이 드릴 수 있는 어떤 예물보다 고귀하며 하나님을 기쁘시게 하는 것이라 할 수 있다(시 50:14, 23, 69:30, 31). 그리스도인은 교회 예배에서 뿐만 아니라 일상생활 속에서의 감사도 중요하다. 이 두 가지 요소는 상호작용하는 것으로 어느 한 쪽이 없는 감사는 진정한 의미에서 "산 제사"가 될 수 없다.[145] 감사는 기독교 신앙의 기본으로 하나님을 기쁘시게 하는 신앙행위로서 인간의 창조 목적에 부합하는 행위이며 그러한 행위는 하나님의 은혜를 크게 인식하도록 하는 방편이 된다.[146] 감사의 근원에는 하나님의 은혜에 대한 종교적 전통이 담겨져 있다. 즉 하나님께서 인간에게 베푸는 사랑을 알게 하는 것이며, 이를 통해 하나님과 인간관계는 물론, 인간관계에서 상호 사랑을 실천하려는데 있다.[147] 그러므로 우리는 예배의식 속에서 기쁨, 소망, 감사가 넘치는 예배를 경험할 수 있어야 동시에 신앙생활 속에서 온전한 감사의 산 제사를 드리는 삶을 살아갈 수 있다.

---

144) Disciples' Publisher & Bible Net, 『옥스퍼드 원어성경대전』 제46권, 403.

145) 서정운, "크리스찬의 감사생활" 「새가정」 제319권 (1982), 44.

146) 전요섭, "감사의 긍정적 영향에 기초한 기독교 상담," 「신앙과 학문」 제14권 제3호 (2009), 251–82.

147) 류정희, "카톨릭 청년의 종교성과 안녕감의 관계에서 감사성향의 매개효과: 청년을 위한 종교 교육에서 감사가 지니는 함의," 「인간연구」 제17호 2009, 81.

4) 성화지향적 내적 치유 효과

(1) 상한 심령 치유

그리스도의 사역은 "가난한 자" 즉 영육이 억눌린 자에게 구원의 기쁜 소식을 베푸는 것(요 3:17)과 "마음이 상한 자," 즉 불행이나 재앙으로 인하여 절망에 빠진 자들을 위로하심으로 상처 받은 마음을 싸매시는 것이다(시 147:3). 그리고 "포로된 자를 자유케" 하시는 것은 죄의 종이 된 자에게 죄의 사슬을 끊으시고 영광의 자유에 오르도록 하겠다는 의미이다(롬 8:21, 갈 5:1, 딤전 1:15).[148] 상한 심령은 마음의 문제로 과거에 어떤 사건이 일어났을 때 받은 상처로 인해 생긴 것이다. 이러한 상처는 나쁜 기억 혹은 연약함이나 상처받은 감정의 형태로써 현재를 살고 있는 사람들을 괴롭힌다. 상한 마음의 질병은 죄가 들어와 깨어진 원마음이 치유되지 않음으로 겪게 되는 내적인 갈등과, 외적 세계로부터 경험되는 스트레스에 대한 심리적 반응의 정도가 정상적 수준을 넘어 병리적 상태로 와전된 결과이다.[149] 마음의 병은 내적 질병으로 원인도 다양하다. 분노, 거부감, 적개심, 정신적 고통, 불인, 죄책감 등 여러 가지 요인들에서 질병이 나온다.[150] 이러한 모든 질병은 하나님 중심

---

148) John Calvin, 「기독교 강요(중)」, 291.
149) 박형렬, 「통전적치유목회학」 (서울: 치유, 1994), 316.

에서 이탈된 데서 오는 것이며, 그리스도를 통해서만 그 치유가 가능하다.[151] 마음의 문제는 죄와 독립시켜서 생각할 수 없기 때문에 죄와 마음의 관계를 항상 동시에 생각해 보아야 한다.[152]

상한 마음은 열등감과 불신과 두려움이 죄와 함께 항상 불안한 상태에서 살게 되므로 불안감에서 벗어나기 위해 세상유혹을 뿌리치지 못하고 세상을 향해서 가게 된다. 죄는 자기 자신의 인격을 파괴시키며 감정을 병들게 해서 기쁨과 감사, 평안과 자족함보다는 분노와 좌절, 우울과 불만과 미움과 회의로 자신을 사로잡게 한다.[153] 그러므로 본질적인 악을 제거하지 않고 겉으로 드러난 행실만 고치려 한다면 영원히 악한 행실을 고치지 못하게 된다. 마음의 문제를 도외시하고 죄만 해결하다보니 반복해서 죄를 짓게 되어 죄와 함께 상한 마음이 생기게 된다. 상한 마음을 치유하지 않으면 죄의 악순환의 굴레에서 벗어날 수가 없다. 내면의 치유를 필요로 하는 사람은 가장 기본적으로 용서를 구하며 철저한 회개를 통하여 하나님과 사랑의 관계를 회복해야 한다.

성경이 보여주는 또 하나의 진리는, 우리의 죄가 우리의 내면을

---

150) 최영민, "현대의 정신질환 왜 발생하는가,"「목회와 신학」(1993), 40-47.
151) 정정숙, "치유목회의 원리와 방안,"「신학지남」제66권 제3호 (1999), 161.
152) 이성훈, 『내적치유』 (서울: 은혜문화, 1993), 90.
153) 김준수, "내적 치유의 이해와 치유목회적 적용," 307.

상하게 하지만 회개는 우리의 감정을 치유한다는 것이다.[154] 우리의 생각과 감정들은 죄와 여러 가지 문제들로 인해 갈기갈기 찢겨 버리고 만다.

성화지향적 내적 치유는 죄악으로 더러워진 우리의 마음을 그리스도의 십자가 앞으로 가지고 나와서 죄를 고백하고 주님의 보혈로 씻음 받고 정결하게 될 때 우리의 행실도 정결하고 거룩하게 될 수 있다. 오랫동안 죄로 더러워진 마음과 생각이 단 한 번의 회개로 모두 해결되는 것은 아니다. 인내심을 가지고 지속적으로 회개를 하면 죄의 용서와 함께 우리의 마음은 점점 깨끗해지고 거룩해져서 상한 심령이 회복되고, 하나님이 주시는 참 평안과 기쁨 가운데 살게 될 것이다.

(2) 육체 치유

하나님은 "나는 너희를 치료하는 여호와임이라"(출 15:26)고 선언한 것은, 하나님 자신이 병 고치는 능력과 권세를 가진 의사이심을 단호하게 선포한 말씀이다.[155] 인간의 육신적인 삶은 연약성과 질병의 포로가 되어 있으며, 그로 인해 불안과 쓰라린 고통이 초래된다.[156]

---

154) Mike Flynn & Doug Gregg, 『내적치유와 영적성숙』, 76.
155) 정정숙, "치유목회의 원리와 방안," 「신학지남」 제66권 제3호 (1999), 153.

그리스도의 치유사역의 목적은 사람들로 하여금 영육을 치유하여 구원을 얻게 하기 위함인 것이다. 그리스도는 우리의 죄, 질병, 죽음의 굴레에서 해방시키고, 또 다시 우리를 온전하게 만들기 위해서 오셨다.[157] 그는 구원자로서 영원한 생명과 현재의 풍성한 삶으로 우리들을 부르셨다.[158] 성경이 말하는 인간에 대한 치유는 전인치유를 말한다. 예수께서 사람들의 질병을 치유해 주었던 이유 중의 하나는 주께서 우리를 위하여 영적인 차원에서 해주시려고 하는 바를 육체적인 차원을 통해 드러내 보여주기 위함이었다.[159] 그리스도께서 육신의 질병을 고치시기 전에 먼저 죄의 문제를 해결해 주었다(마 9:1-8). 그러므로 병을 치료받기 위해서는 먼저 병든 자신을 인식하며, 그 가운데서 고통도 따른다는 것을 알아야 한다.[160] 그리스도의 치유사역은 육체의 치유만이 아니라 영혼의 문제인 죄까지 다루는 온전한 치유이다. 그리스도의 속죄의 행위야말로 육체적 치유의 기초가 된다.

죄와 그 해결책에 대한 피어선의 견해는, 하나님이 죄를 치명적인 병으로 간주하여 반드시 해결해야 한다는 것이고, 죄가 육체적

---

156) Louis Berkhof, 『조직신학』, 480.
157) 김기수, "예수님의 치유목회," 『한영논단』 제5권 (2001) 177.
158) 허철, 『치유하는 믿음의 사람들』 (서울: Grace Publisher, 2000), 49.
159) John Wimber & Keven Springer, 『능력치유』, 116.
160) 김준수, "내적 치유의 이해와 치유목회적 적용," 306.

인 질병의 원인이 된다고 지적한다.[161] 또한 예수와 마귀를 모두 의사에 비유하므로 죄의 문제를 다루는데, 마귀는 위대해 보이는 의사이지만 가짜이며 비정상적이다. 어떤 중한 질병이나 문제가 있을 때 메스를 들어 문제의 근원을 제거하는 것이 아니라 죄와 고통에 민감하지 않도록 마취제를 쓸 뿐이라고 한다.[162] 하나님은 의학이라는 하나님의 은총을 통하여 병든 자를 고치시며 새로운 힘을 공급하기도 하지만, 질병의 치유에 있어서 중요한 것은 하나님의 치유 역사이다.[163] 하나님의 능력은 어떤 병자도 일으킨다. 그러므로 하나님 백성이 하나님의 치료함을 바라는 것은 당연한 일이며, 치유를 위한 기도는 하나님의 주권을 인정하는 신앙고백이다.[164] 인간의 삶 가운데 심각한 죄의 뿌리가 내려 있는 상태에서 육체적인 질병을 앓고 있는 사람들을 위해 기도 할 경우, 자신의 죄를 고백하고 회개하므로 육체적 질병으로부터 자연스럽게 치유되는 일은 매우 흔하다.[165] 따라서 우리는 육체의 질병으로 인해 고통당할 때 믿음으로 기도할 것과 죄와 관련된 질병일 경우에는 질병의 치료를 위해 죄에 대한 회개를 통하여 육체의 치유를 체험

---

161) 조규형, "아더 피어선과 케직사경회," 13.
162) 위의 논문, 13.
163) 정정숙, "치유목회의 원리와 방안," 164.
164) 위의 논문, 153.
165) John Wimber & Keven Springer, 『능력치유』, 259.

하게 된다(약 5:17).

(3) 영적 치유

바울이 고린도 교회를 향해서 "하나님을 두려워하는 가운데 거룩함을 온전히 이루어 육과 영의 더러운 것에서 자신을 깨끗케 하라"(고후 7:1, 살전 5:23)고 한다. 이 말씀은 우리 인간이야말로 영적인 존재임을 상기시키고 있다. 영적 치유는 하나님과 우리들과의 관계가 회복되는 동시에 더욱 새롭게 되는 것을 말하며, 여러 가지 종류의 치유 중에서 가장 근본적인 것이라고 할 수 있다.[166]

영적인 질병의 원천(창 3:1-24)은 에덴동산에서 아담과 하와가 영적으로 건강할 때는 서로 간의 관계가 매우 화목하고 기쁨에 찬 것이었다.[167] 그러나 범죄로 인한 영적 죽음은 하나님과의 관계단절과 더 나아가 이웃과의 관계 단절로 심각한 분열을 일으키게 되었다. 죄는 인간과 하나님을 분리시킬 뿐만 아니라, 자신과의 관계에서도 병들게 하며, 이웃을 섬기기보다는 섬김 받기 위해서 안간힘을 쓰며 이기적인 욕심을 가지고 자신의 유익을 위해 상대방을 조종하므로 서로에게 고통을 주게 된다.[168]

---

166) 정정숙, "치유목회의 원리와 방안," 160.
167) John Wimber & Keven Springer, 『능력치유』, 123.
168) 김준수, "내적 치유의 이해와 목회적 적용," 307.

영적 치유는 하나님과 우리들과의 관계가 회복되는 동시에 더욱 새롭게 되는 것을 말하며, 여러 가지 종류의 치유 중에서 가장 근본적인 것이라고 할 수 있다.[169] 그러므로 영적 치유는 하나님과의 관계회복이요 화해와 조화이며, 구원의 은혜로서 인간이 자신의 죄를 회개하고 그리스도를 구주로 영접할 때에 가능하다.[170] 영적 치유의 목표는 단순한 행동의 변화가 아니라 전인격적인 변화로서 완전히 변화된 삶을 의미하며 하나님 중심의 세계관을 가지는 것을 말한다. 영적 치유는 하나님의 주권적인 역사를 통해서 전인격적 변화를 도모해야 하며 하나님 중심의 삶을 살아갈 때 가능하다.[171]

정정숙은 영적 치유를 위한 방법을 크게 두 가지로 나누는데, 첫째, 중생으로 옛 사람을 벗어버리고 새 사람을 입는 과정이 필요하며, 둘째, 성화로서 인간의 영적인 질병의 원인이 되는 죄의 문제를 직시하고 하나님께 죄의 용서를 위해 기도해야 한다고 주장한다.[172]

칼빈은 "돌이키라 그러면 내가 그들을 고칠 것이라"(사 6:10)에

---

169) John Wimber & Keven Springer, 『능력치유』, 122.
170) 정정숙, "치유목회의 원리와 방안," 159–60.
171) 위의 논문, 160.
172) 정정숙, "치유목회의 원리와 방안," 160.

근거하여 회심을 치유와 연결시켰으며, 회심을 의지의 변화라고
한다. 회심의 결과는 하나님의 뜻에 복종하여, 칭의에 이르며, 성
화의 단계를 거치므로, 이는 하나님의 은혜에 기인하는 경건이다.
따라서 이에 대한 유일한 목표는 우리 안에 하나님의 형상을 회복
하는 것이었다.[173] 웨슬리도 죄를 질병에 비유해서 말했다. 그의
구원론의 특징은 죄의 성질 가운데 주관적인 면에 더 큰 관심을 가
지고 성화에 주목했다. 그는 구원을 곧 병든 영혼을 치유하는 하나
님의 방법이라고 했다. 칼빈과 웨슬리는 하나님의 구원행위를 회
복을 통한 치유로 보았다.

존 윔버와 캐빈 스프링거는 영의 치유를 위한 믿음의 행동을 다
섯 단계로 구분하여 설명하는데 ①자신의 죄를 인정하라 ②자신의
죄를 고백하라 ③회개에 합당한 행위를 하라 ④하나님의 용서를
받아들여라 ⑤하나님께서 우리를 용서해 준 것처럼 다른 사람을
용서하라는 것이다.[174] 이러한 영적 치유를 위해 기도와 말씀을 통
해 영적 증진을 이루어야 하며, 끊임없이 신앙적인 노력으로 하나
님의 말씀에 따라 자신의 삶을 조명하는 자기 분석과 헌신을 통해
서 하나님의 자녀로서 유지하는 삶을 살아야 한다. 따라서 영적 치
유는 값없이 주시는 하나님의 은혜로서 치유의 역사와 함께 하나

---

173) 유창형, 『죤 칼빈의 성화론』, 64.
174) John Wimber & Keven Springer, 『능력치유』, 135.

님과의 관계가 회복되어 삶의 모든 영역에서 충만한 삶을 살게 된다. 따라서 그리스도께서 십자가 위에서 돌아가신 사건은 이 시대를 사는 우리에게 죄의 용서와 영혼의 치유를 보장해 주는 기독교의 주춧돌이다.[175]

5) 성화지향적 내적 치유와 일반적인 내적 치유의 차이

(1) 성화지향적 내적 치유

인간이 창조되었을 때는 완전한 상태, 곧 의와 거룩한 상태로 창조되었다. 그러나 범죄로 인한 하나님의 형상의 상실은 인간 본성의 타락과 손상을 의미한다.[176] 따라서 성화는 타락한 인간성이 하나님의 형상으로 회복되는 것이다. 하나님의 형상을 회복하는 것은 성령의 사역으로 하나님께서 사람을 거룩하게 변화시키는 것이다.

칼빈은 성화에 대해 하나님을 섬기기 위해 지속적으로 신자의 육을 죽이고 영을 살림으로써 신자 안에 하나님의 형상을 회복시키는 성령의 사역으로 이해될 수 있다.[177] 따라서 하나님이 우리를

---

175) 위의 책, 122.
176) Louis Berkhof, 『조직신학』, 416–20.
177) 유창형, 『죤 칼빈의 성화론』, 65.

구원하신 목적은 감정이나 정서뿐만 아니라 영혼과 육체 더 나아가 우리의 인격적인 부분인 지, 정, 의까지 포함한 온전한 치유와 회복을 통하여 참된 자유와 평강을 누리며 살기를 원하신다.

성화지향적 내적 치유는 일반적인 내적 치유에서 상처 치유 후에 다루어져야할 중생과 성화를 통한 하나님의 형상 회복에 초점을 맞춘다. 성경적 치유로서 인간 구원을 위한 하나님의 뜻이며, 성령의 사역으로서 치유의 주체가 그리스도이다. 그러므로 성화지향적 내적 치유는 삼위일체 하나님의 사역이다.

성화지향적 내적 치유는 성경적 치유로서 영육간 문제의 근원을 죄에서 찾고, 회개를 통한 중생과 성화의 삶을 위한 순종과 감사의 생활로 하나님의 형상을 회복시키고자 하는 것을 목적으로 하는 목회상담의 한 형태이다. 목회상담의 목표인 전인치유로서 새 생명을 얻는 중생에서 시작되어 거룩함을 추구하는 성화의 삶을 살게 하며, 그리스도의 내적이고 외적인 모습을 닮아가게 하는 것을 목적으로 하는 성경적인 치유방법이다.

(2) 일반적인 내적 치유

일반적으로 '내적 치유'(inner healing)의 의미는 '과거의 부정적 기억의 치유' 혹은 '마음의 치유, 정서적 상처의 치유'라는 좁은 의미로 많이 사용되고 있다. 하지만, 내적치유를 정서적인 혹은 심리적인 치유의 차원에 국한하여 이해하기 보다는 전인치유 (holistic healing)의 핵심과정으로 보다 넓은 차원에서 이해하고 자 하는 흐름이 있는 것도 사실이다.[178] 그러나 아직까지는 심리학 적 내적 치유는 과거의 상처로 인해 문제가 되는 자기부정, 우울, 수치심, 죄책, 분노, 열등감, 미움 등은 주로 감정적인 문제들을 다 루는 사역이다.

데이비드 씨맨즈는 기억의 치유에 대해 조속한 만병통치의 수 단으로서 정서적, 영적 성숙의 지름길이 아니라 어떤 유형의 감정 적 영적 문제를 치유하시는 성령의 능력에 초점을 맞추는 기독교 상담의 한 형태라고 한다. 그는 이것이 여러 가지 치유사역 중의 한 가지 방법이라고 말한다. 그러므로 절대적이고 유일한 방법이 아니기 때문에 과장이나 남용이 절대로 있어서는 안 된다고 주장 한다.[179]

마이크 플린과 더그 그렉은 내적 치유가 만병통치약이 아니며, 그것은 상한 감정의 속박에서 자유를 얻게 하고 죄에 대한 충동을 억제하며 인간관계를 재조명하고 믿음을 견고케 할 수는 있지만, 성화로 가는 훈련의 대용품이 될 수는 없다고 주장한다.[180]

---

178) 김성환, "전인치유를 위한 내적치유에 대한 목회상담학적 고찰," 1.
179) David A. Seamands, 송헌복 · 송복진 역, 『상한 감정과 억압된 기억의 치 유』 (서울: 죠이선교회, 2005), 27.

찰스 크래프트는 상한 감정이나 영적인 문제를 중점적으로 다루며, 특별히 기억치유에 초점을 맞춘다.[181]

닐 앤더슨(Neil T. Anderson)은 그리스도 안에서의 새로운 신분에 비추어 과거의 사건들을 이해하는 것이 상한 감정의 출발점이며, 다음 단계로 자신에게 상처를 준 사람을 용서하는 것이라고 주장한다.[182]

내적 치유는 인간의 내면에 자리 잡고 있는 파괴적인 감정들의 뿌리에 있는 과거에 받은 상처의 기억들을 전제로 하며, 과거의 상처받은 기억들을 치유함에 있어 성령의 능력과 기도를 통해서 이루어지는 것이다. 따라서 내적 치유는 기독교 신앙에 기초를 두고 성령의 능력 하에서 이루어지는 기독교상담의 한 형태로서 인간의 무의식 내면에 있는 숨은 감정들을 치료하는데 중점을 두는 사역이다.

(3) 성화지향적 내적 치유와 일반적 내적 치유의 공통점과 차이점

앞에서 살펴보았듯이 내적 치유자들이 말하는 내적 치유의 공통

---

180) Mike Flynn & Doug Gregg, 『내적치유와 영적성숙』, 29.
181) Charles H. Kraft, 『사악한 영을 대적하라』, 188-9.
182) Neil T. Anderson, 유화자 역, 『내가 누구인지 이제 알았습니다』 (서울: 죠이선교회, 2012), 235-42.

점은 과거의 상처로 인한 현재의 고통을 치유하는데 초점을 두며, 그리스도인의 구원의 필수요소인 중생과 성화로 연결시키지 않고 있음을 알 수 있다. 따라서 내적 치유는 전인치유를 목적으로 하지만 전인치유가 아니며 감정이나 정서 즉 과거의 상처에 대한 기억 치유에 국한시키고 있다.

그러나 하나님이 우리를 구원하신 목적은 감정이나 정서뿐만 아니라 영혼과 육체 더 나아가 우리의 인격적인 부분인 지, 정, 의까지 포함한 온전한 치유와 회복을 원하신다. 따라서 성화지향적 내적 치유는 인간 구원의 필수 요소인 중생과 성화를 통하여 성화의 궁극적인 목표인 하나님의 형상 회복으로 하나님을 영화롭게 하며, 하나님이 주시는 참 자유와 기쁨을 누리며 사는 것을 목적으로 한다.

성화지향적 내적 치유와 일반적 내적 치유의 공통점으로는 과거의 문제에 대해 회개를 통한 용서로서 성령의 능력과 기도에 초점을 두며, 차이점은 다음과 같다.

첫째, 성화지향적 내적 치유는 대부분의 문제를 성경에 근거하여 죄와 관련된 것으로서 말씀과 기도와 상담을 통하여 회개와 순종 그리고 감사를 중점적으로 다루어줌으로써 인간 구원의 과정인 중생과 성화에 초점을 둔다. 그러나 일반적인 내적 치유는 신학과 심리학적인 근거에 기초하여 과거의 상처에 대한 현재의 고통을 치유하는 것을 목적으로 하며, 주로 고백과 기도와 상담을 통해서 이루어지는 감정과 정서치료에 초점을 둔다.

둘째, 성화지향적 내적 치유는 전인치유로서 영혼과 육체를 그리고 인격까지 포함한 온전한 치유로서 하나님의 형상 회복을 목표로 한다. 일반적 내적 치유는 심리 내면에 생긴 마음의 치유로서 마음의 상처를 회복하는 것에 초점을 둔다.

셋째, 성화지향적 내적 치유는 성경적 치유로서 교회에서 장기적으로 이루어지는 목회사역의 한 분야이다. 일반적 내적 치유는 기독교상담의 한 형태로서 선교단체 또는 기관에서 이루어지는 단기 프로그램이다.

Ⅲ. 연구 방법

Ⅲ. 연구 방법

1. 내러티브 탐구의 개념

내러티브 탐구는 질적인 연구방법 중의 하나로서, 일반적으로 개인의 경험에 관심을 가지고 이해하는데 가장 적합한 탐구양식이다. 내러티브 탐구는 연구방법으로서의 내러티브와 연구 현상으로서의 내러티브 모두를 포함한다.[183] 내러티브 탐구에서 내러티브(narrative)는 사전적 의미를 넘어서 단순히 이야기를 뜻하는 것이 아니라 이야기를 하는 사람이나 듣는 사람의 삶에 영향을 미치는 이야기(a life story)를 의미한다.[184] 내러티브 탐구는 살아 왔고 말해진 이야기들로서 단순히 이야기 형식의 차원을 넘어서 말하는 사람과 듣는 사람의 삶을 바꾸기도 한다.

---

183) D. Jean Clandinin · F. Michael Connelly, 강현석 외 역, 『내러티브 탐구』 (파주: 교육과학사, 2011), 3.
184) 김대현, "내러티브 탐구의 이론적 기반 탐색," 「교육과정 연구」 제24권 제2호 (2006), 114.

사람은 이야기를 통해서 자신의 삶의 경험을 이해하고 경험에 의미를 부여하고, 자신이 경험한 것에 대한 이야기를 다른 사람에게 말하고자 하는 욕구를 가지고 있다.[185] 이러한 경험은 사람들이 살아가는 이야기이다. 이야기는 개인이나 집단이 다른 사람들과 살아가는 관계 속에서, 시간적인 흐름 속에서, 그들의 문화와 삶의 터전 속에서, 삶의 의미를 발견해내는 독특한 방식이다.[186]

클랜디닌과 코넬리(D. Jean Clandinin & F. Michael Connelly)는 "이야기하기(story telling)"와 "다시 이야기하기(retelling story)," 즉 내러티브를 통해 인간이 자신의 경험에 대한 의미를 만들어 가며, 지식을 구체적이고 관계적인 것으로 개념화하였다.[187] 내러티브탐구는 연구자와 참여자들 사이에서 경험한 이야기들을 다시 이야기하는 과정을 거치면서 참여자들의 경험을 해석하고 재해석하는 연구이다. 내러티브 탐구는 인간의 경험을 이해하기 위한 하나의 방법이며, 장소와 환경과의 상호작용을 통해 계속적으로 일어나는 연구자와 연구참여자간의 협력으로 이루어진다.[188]

---

185) 양유성, "이야기치료의 상담원리와 방법론,"「상담과 선교」제45권 (2004), 6.
186) 위의 논문, 7.
187) 염지숙, "내러티브 탐구를 통한 유아세계 이해,"「교육인류학연구」제2권 제3호 (1999), 59.
188) D. Jean Clandinin, 강현석 역,「내러티브 탐구를 위한 연구방법론」(파주: 교육과학사, 2011), 117.

클렌디닌과 코넬리의 경험에 대한 관점은 존 듀이(John Dewey)의 경험 이론에 근거한다. 이러한 경험은 모든 탐구에서의 핵심 용어이다. 내러티브 연구자들은 엮어진 삶의 이야기들을 기술하고, 그렇게 기술된 것들을 수집해서 이야기하며, 경험에 관한 내러티브를 써 내려간다.[189] 본 연구는 참여자들의 성화의 경험자체를 탐구하는 방법으로 이야기하기를 통해 연구 목적의 정보를 수집하고 경험을 체계적으로 서술하는 연구방법이다. 연구자와 참여자들 사이에서 성화를 경험한 사건들을 이야기하기와 다시 이야기하는 과정을 통하여 그들의 경험을 이해하고 성찰하였다. 그 의미와 목적을 탐구하기 위하여 클랜디닌과 코넬리가 개념화한 내러티브 탐구를 연구 방법론에 사용하였다. 내러티브탐구는 인간의 경험을 표현하고 이해하기 위한 최고의 양식이다. 따라서 본 연구에서 참여자들의 성화의 경험을 심층적으로 탐구하고, 그들의 경험을 총체적으로 드러내고 이해하는 것을 목적으로 하기 때문에 내러티브가 가장 효과적인 방법이라고 생각한다.

내러티브 관계를 도식으로 나타내면 〈그림1〉과 같다.

---

189) 염지숙, "내러티브 탐구: 그 방법과 적용," 「질적연구학회」 제1호 (2001), 28.

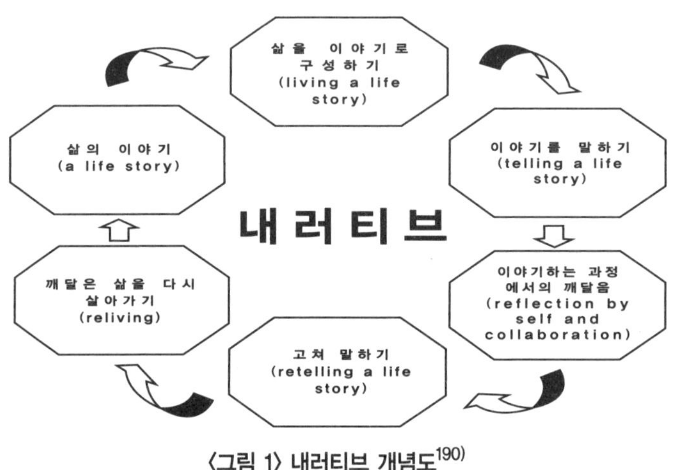

〈그림 1〉 내러티브 개념도[190]

2. 내러티브 탐구 특성과 구조

1) 내러티브 탐구 특성

내러티브 탐구는 질적 연구방법의 하나로 특정한 상황 안에서 인간에 의해 경험된 현상을 설명함으로써 더 깊은 이해와 의미에 도달할 수 있도록 한다.[191] 내러티브 탐구는 특정한 맥락 내에서 사람들이 자신의 경험에 의미를 부여하는 방법을 기술하는 것과

---

190) 김대현, "내러티브 탐구의 이론적 기반 탐색," 115.

191) 안영미, "내러티브 탐구를 통한 두 남성 노인의 삶과 죽음에 관한 이해," (이화여자대학교 박사학위논문, 2008), 27.

계속적인 의미부여에 공헌하는 것이 내러티브 탐구의 목적이다.

내러티브 탐구를 특징짓는 것은, 모든 연구가 언어에 기반을 두는 특징을 가지고 있다. 사회과학이 필요로 하는 과학적 담론이 냉담하고 제한적인 정의를 부여하는 대신에, 내러티브 탐구자들은 언어의 은유적인 특성, 설명적 논증 그리고 서술로 짜여있는 이야기의 확장된 담론의 관련성을 수용한다.[192] 따라서 내러티브 탐구는 인간 세계를 통제하고 예언하기보다는 인간을 이해하고자 하며, 오랫동안 실천해 온 방법이다.

클렌디닌과 코넬리는 연구자와 참여자들 사이에서 오가는 이야기들을 끊임없이 구성되고 재구성되는 과정 속에서, 그 이야기들은 연구참여자들의 이야기와 함께 합쳐지게 되고 새로운 종류의 이야기를 형성하게 되는 관계성의 중요성에 대해 말한다.[193]

> 내러티브 사고의 한 가운데는 관계성이 있다는 것과 관계성은 내러티브 탐구가 하고자 하는 일의 관건이 된다. 따라서 내러티브란 한편으로 현상이자 방법을 일컫는 말이기도 하지만, 그것은 또 하나의 삶의 방식, 즉 관계를 소중하게 생각하는 삶을 구성하는 방식이라는 점도 유념해야 한다는 것이다.

---

192) D. Jean Clandinin, 『내러티브 탐구를 위한 연구 방법론』, 55.
193) 위의 책, 349–50.

내러티브 탐구의 특성을 종합해 보면 내러티브 탐구는 이야기의 수집과 이에 대한 분석과 해석이 내러티브의 일부분이 된다. 내러티브 탐구자로서 살아가기와 경험 말하기에서 우리는 경험의 의미를 발견하게 된다. 존 듀이가 말하는 경험의 재구성은 개인적 사회적 성장을 증진하는 것으로 내러티브 탐구 목적 중의 하나이다.[194]

2) 내러티브 탐구 구조

클랜디닌과 코넬리는 내러티브 탐구의 기본 틀로서 삼차원적 내러티브 탐구 공간이라는 은유적 표현을 한다. 삼차원적 내러티브 탐구 공간은 상황(situations), 연속성(continuity), 상호작용(interaction)의 개념을 사용하고 연구의 틀을 제공하기 위한 3차원적 내러티브 탐구 공간을 제시한다. 즉 시간, 공간 그리고 상호작용이라는 3차원의 모형이 내러티브 탐구의 기본 구조이다. 그리고 3차원의 공간은 4가지 방향성(inward, outward, backward, forward)으로 나타난다.

---

194) 위의 책, 168.

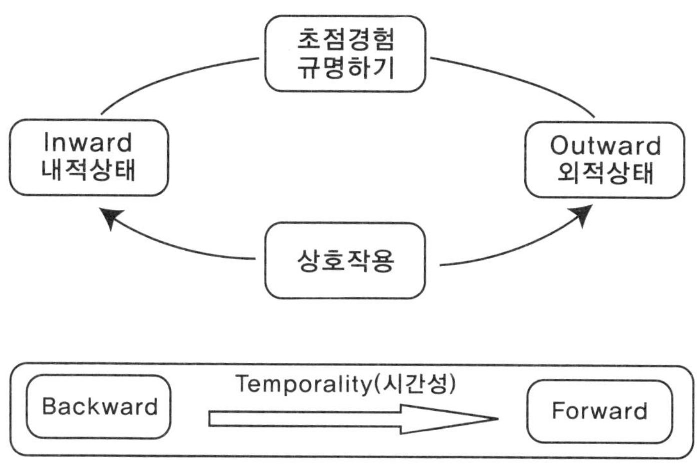

〈그림 2〉 내러티브의 4가지 방향성[195]

경험의 상호작용이란 내부적, 외부적으로 감정, 심미적 반응, 도덕성과 같은 내부적 조건과 환경의 외부적 조건을 말한다. 경험의 계속성은 앞과 뒤로 방향이 있다는 것으로 과거, 현재, 미래의 시간적 의미를 나타낸다.[196] 경험은 주체와 객체와의 주고받는 행동의 상호작용이며 탐구의 과정에서 연구자와 연구참여자에게 있어서 경험의 상호작용과 계속성의 원리가 일어나는 것을 말한다. 모든 경험은 지금까지의 경험으로부터 무엇인가를 취하며, 다음에

---

195) 이민영, "남북한 이문화 부부의 가족과정 경험에 관한 질적 연구 : 내러티브 탐구 방법을 활용하여," (이화여자대학교 박사학위논문, 2005), 30.
196) 신동일 · 유주연, 『내러티브 탐구 방법의 이해』 (서울: 도서출판. net, 2006), 77-8.

오는 경험의 질을 어떤 형식으로든 변화시키는 것을 의미한다.[197] 경험을 연구한다는 것은 네 가지 방향에서 경험을 연구하는 것이며 각 방향을 향해 질문을 던지는 것이다.

경험의 상호작용의 탐구 공간에서 이루어지는 탐색은 내부적, 외부적으로 돌아보면서 연구자와 연구참여자의 경험을 상호작용, 시간성, 장소의 3차원에 위치시키고, 안과 밖, 앞과 뒤의 4가지 방향에서 경험한 것을 연구한다.[198] 시간의 연속성은 미숙을 전제로 부단히 계속적으로 성장하는 것을 말한다. 따라서 경험의 계속성의 원리에 나타난 시간성은 과거, 현재, 미래로 이어지는 연속적인 관계이며, 과거에서 미래로 진행하면서 경험이 지속적으로 성장하는 과정이라고 말할 수 있다.[199]

3. 내러티브 탐구 절차

내러티브 탐구를 통한 경험의 의미를 찾는 것은 하나의 연구방법이며, 동시에 과정이다. 클랜디닌과 코넬리는 탐구 과정을 다섯

---

197) 김재만, 『듀이철학』 (서울: 배영사, 1980), 74-6.
198) 김대현, "내러티브 탐구의 이론적 기반 탐색," 115.
199) 위의 논문, 121.

단계로 나누어 설명하고 있다. 진행과정은 〈그림 3〉과 같다.

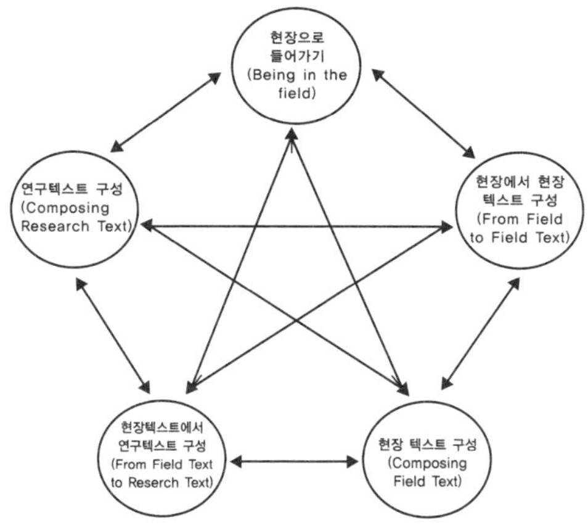

〈 그림 3 〉 내러티브 탐구 절차 모형[200]

1) 현장으로 들어가기

현장으로 들어가는 것이란 현장 한가운데 존재한다는 것인데 두
가지 의미를 내포하고 있다. 그것은 3차원적 내러티브 탐구 공간
의 한 가운데 존재하는 것과 시간적으로 이야기된 흐름의 한 가운
데에 존재한다는 것을 말한다. 따라서 연구자는 연구 현장 한가운
데로 들어가서 연구 목적에 적합한 연구참여자를 선정하고, 그들
과의 만남을 위한 편안한 장소를 협의한다. 그들과의 만남은 현장

---

200) 안영미, "내러티브 탐구를 통한 두 남성 노인의 삶과 죽음에 관한 이해," 29.

에 익숙해지는 단계이다.

내러티브 탐구는 연구자와 연구참여자와의 관계에 있어 어떠한 관계를 유지할 것인가에 대한 협의, 연구 목적에 대한 협의, 언제 연구 현장을 떠날 것인가에 대한 협의, 그리고 참여자와 연구 현장에 어떠한 방식으로 도움을 줄 수 있는가에 대한 협의를 중점적으로 해결해야 한다.[201] 이러한 문제들에 대한 협의는 연구의 전 과정을 통해 계속되며, 연구자 혼자만의 생각이 아니라 연구자와 참여자가 끊임없이 대화하는 과정에서 변형되고 수정될 수 있다.[202] 내러티브 탐구에서 연구의 동기와 목적은 평소 연구자의 관심과 경험에서 나오게 된다.[203]

연구자는 목회현장에서 성령의 인도하심을 따라 치유사역을 해왔다. 대부분의 그리스도인이 믿음과 행함이 일치하지 못한 삶의 현장에서 어떻게 하면 참된 그리스도인으로서 실천적인 삶을 살 수 있는지에 대하여 관심을 가지고 있었다.

선행연구를 통해 연구자는 내적 치유 프로그램의 여러 가지 부작용으로 인한 문제들을 보완해서 성경적인 내적 치유를 교회에

---

201) 위의 논문, 30.

202) 염지숙, "교육 연구에서 내러티브 탐구의 개념, 절차, 그리고 딜레마,"「교육인류학연구」제26권 제1호 (2003), 5.

203) 선우숙, "그리스도인의 행복 이야기에 대한 내러티브 탐구," (평택대학교 박사학위논문, 2012), 56.

보급함으로써 많은 그리스도인들이 그리스도 안에서 새 생명을 얻고 거룩한 삶을 통해서 하나님께 영광 돌리기를 원해서 본 연구를 시작하게 되었다. 이에 연구자는 참여자들이 내적 치유를 통해 성화를 경험한 것 같이 다른 사람들도 예수 그리스도를 만나 삶의 의미와 목적을 찾고 새로운 삶을 살게 될 것을 기대한다.

(1) 연구참여자 선정과정

연구자는 연구의 객관성을 위해 교인 2명과 선교단체에서 일하는 사역자 2명을 선정했다. 먼저, 교회에서 10년 이상 훈련 받고 성화의 삶을 살아가는 사람들 중 삶의 현장에서 그리스도인이라고 인정받는 사람 2명을 선정했다. 특별히 선교단체에서 내적 치유 프로그램에 참여한 자들이 많이 있지만, 더구나 현재 치유사역을 하고 있는 사역자 중에서 내적 치유를 통한 성화의 삶을 살아가는 사람들을 만나기란 참으로 어려운 일이었다. 지인들을 통해서 이들을 알게 되었는데, 최소한 15년 이상 신앙생활을 한 자들로 선교단체의 프로그램에 참여해서 전문적인 사역자로 훈련받은 자들을 선정했다. 또한 현장에서 치유사역 중에 있는 연구참여자를 찾게 되었는데, 중생 체험을 한 자로서 성화 과정에 있는 자들이었다.

참여자 4명 중에서 2명은 ○○○교회 교인이다. 교인 2명 모두 연구자가 지금까지 해온 성화지향적 내적 치유의 대표적인 사례로 볼 수 있다. 2명의 참여자 모두 성화지향적인 내적 치유를 통해 성화의 삶을 살고 있다. 이처럼 연구자 교회 교인들을 참여자로 선정한 이유는 전통적인 목회방식의 내적 치유를 하고 있기 때문에 선교단체에서의 내적 치유와 비교해 보는 것이 본 연구의 목적과 일치하기 때문이다.

외부 참여자 두 사람 중에서 한 명은 예수전도단 출신으로 20년간 사역 현장에서 팀 리더로 봉사하고 있다. 신실한 믿음의 소유자로서 기쁜 마음으로 헌신해 주었다. 다른 한 명은 CCC(대학생선교회) 목사님으로부터 소개를 받았는데, 현재 내적 치유사역 중에 있는 자매이다.

4명 모두 연구주제와 관련하여 개인적 경험을 충분하게 이야기할 수 있는 참여자들로, 오랜 훈련과 연단의 과정을 거친 자들이다. 내적 치유를 통해 성화를 경험한 이들은 현재 경건의 삶을 살아가고 있으므로 합당하다고 여겨서 본 연구의 연구참여자로 선정하게 되었다.

(2) 연구참여자 소개

① A 집사

A집사는 53세 이혼한 여성이며, ○○○○병원 간호사로 일하고 있다. 가족으로는 1남 1녀를 두고 있으며, 아들은 군 제대를 하고

대학에 입학하여 2학년에 재학 중이며 함께 살고 있다. 딸은 지방 대학 3학년에 재학 중이며 할머니와 함께 살고 있다. A집사는 31 살에 ○○○교회 집사의 전도로 교회를 다니게 되었지만 아무런 목적 없이 살아왔다.

약 15년 전 남편이 덤프트럭을 사서 사업을 시작했다가 잘 되지 않아서 빚더미에 앉게 되었다. 채권자들의 빚 독촉으로 견딜 수가 없게 되자 결국 합의 하에 법적 이혼을 하고 시골에 내려가서 버스 운전기사로 일해서 보내주는 생활비로 남매를 키우면서 살았다. 시간이 지나면서 남편이 다른 여자를 만나게 되면서 가정을 돌아 보지 않게 되면서 실질적인 이혼이 되어 버렸다. 그때부터 초등학 교 다니는 남매를 데리고 힘든 생활이 시작 되었다. 밑바닥까지 내 려가서 힘든데, 불치의 피부병까지 겹쳐서 고통스런 날들을 보내 며 희망 없이 살아가고 있었다. 더군다나 아들이 잠시도 가만히 있 지 못하고 몸을 계속 흔들고 손으로 게임을 하는 것처럼 움직인다 고 하여 담임 선생님으로부터 아이가 정상이 아니라는 이야기를 들었다. 먹고 살기도 힘들어서 당장 길바닥으로 쫓겨나게 생겼는 데 병원에 데려 갈 생각은 꿈도 꿀 수 없었다. 사는 것이 너무 괴롭 고 힘들어서 날마다 죽기를 바라는 가운데, 마침 같은 교구의 집사 가 ○○○교회로 가서 가정의 문제가 해결 되었다는 소식을 듣게 되었다. 그 후 한 가닥 희망을 가지고 그 집사를 찾아가 목사를 만

나게 해달라고 부탁해서 연구자와의 상담이 이루어졌다. A집사는
이미 다른 교회에 출석하고 있었지만, 6개월간 기도한 후에 응답
받고 연구자가 담임하는 교회로 옮겨와서 훈련과 연단을 통한 결
과 현재는 중생을 체험하고 성화의 모범적인 삶을 살고 있다.

② B 집사

B집사는 47세의 이혼 여성으로 2남 1녀 중 맏이이다. 현재 피아
노 학원을 운영하고 있으며 피아노를 전공한 석사 출신이다. 대학
때부터 현재까지 교회에서 피아노 반주와 성가대 지휘를 해 오고
있다. 3대째 믿는 가정에서 태어나서 모태신앙이다. 보통 체격에
키는 큰 편이다. 얼굴이 밝고 성격이 소탈해서 주변 사람들로부터
편하다는 인상을 준다. 가족으로는 아들 한 명과 딸 셋이 함께 살
고 있다. 연구자가 16년 전 대전에 있는 교회에 사역차 갔을 때 B
집사를 처음 만났다. 교회에서는 반주자와 지휘자로 봉사하며 살
아왔지만 체험적인 신앙은 없었다. 남편의 잦은 외도와 이혼 독촉
으로 인해 심각한 우울증으로 자살을 여러 차례 시도했는데, 그때
마다 어린 아들이 울며 매달려서 죽지 않았다. 마침 그 무렵 연구
자를 통해 치유를 경험하면서 남편과도 회복되어서 10년 동안 아
이 셋을 더 낳고 잘 살았다. 그런데 남편이 다시 바람을 피우고 예
전처럼 집에도 들어오지 않고 생활비도 제대로 주지 않았다. 더구

나 가정 문제에 한 마디 했다가 정신병원에 끌려가기 직전에 기도
원으로 도피했다가 친정으로 가게 되었다. 더 이상 살 수 없어서
부모님의 동의하에 이혼을 하게 되었다. 그런데 막상 친정에 가서
생활했는데, 부모형제와 교회로부터 배척을 받으면서 심한 고통을
당했다. 사방으로 수소문 끝에 5년 전 연구자가 담임하는 교회에
다니게 되었다. 처음 올 때는 비참한 신세가 되어서 왔지만, 열심
히 양육 받고 훈련과 기도생활을 통하여 지금은 아이들과 함께 새
로운 삶을 살고 있다. 현재 피아노 학원을 운영하면서 아이들 4명
을 신앙으로 잘 양육하면서 사는 모습을 친정 식구들이 와서 보고
놀라워하고 있다.

③ C 사역자

C사역자는 39세 미혼 남성으로 서울 출신으로 유치원 때 원장
님의 영향을 받아서 부모님과 함께 교회에 다니게 되었으며, 초등
학교 6학년부터 부모님을 따라서 예수전도단에 가게 되었다. 그
일을 계기로 지금까지 군대생활 기간을 제외하고는 예수전도단에
서 훈련받고 지속적으로 프로그램에 참여하며 선교여행도 다니면
서 팀 사역자로서 준비해 왔다. 군대 제대 후에 적극적으로 팀 사
역자로 봉사하게 되었다. 첫 인상이 순수하고 진솔해 보였으며.
키는 보통이고 신체가 건강하게 생겼고 나이보다 훨씬 젊어 보인

다. 성격이 아주 좋고 모나지 않고 둥글둥글하다. 솔직하고 담백한 성격에 강한 추진력을 가지고 있어서 팀 사역자로서 훌륭한 자질을 갖추고 있다. 신학을 전공했으며, 직장에서 공연 기획자로, 퇴근 후에는 대학에 가서 내적 치유사역자로서 주를 위해 헌신하고 있다. 결혼은 사역현장에서 만난 자매와 내년에 결혼할 예정이다. 가족으로는 어머니와 함께 서울에 살고 있다. 중 1때 아버지가 본가로 가버렸다. 본가에 아버지와 큰 어머니 그리고 형 2명이 살고 있다. 옛날에는 사이가 나빴지만 지금은 서로 왕래하며 잘 지내고 있다.

④ D 사역자

D사역자는 24세의 미혼여성으로 경기도 연천에서 태어났다. 1남 3녀 중 셋째 딸이다. 유치원 때 부모님의 권유로 동네에 있는 감리교단에 속한 개척교회에 다니게 되었다. 160cm 가량의 보통 키에 약간 통통한 편이다. 성격은 유순하고 순종적이며 의지가 강해 보였다. 20살 때 어머니와 함께 이집트 선교 여행을 가게 된 계기로 CCC와 처음 인연을 맺게 되었으며, 당시 방언은사를 받는 것이 목적이었다. 그때를 계기로 CCC 프로그램에 참여하고 훈련을 받으면서 지금까지 내적 치유사역자로 일하고 있다.

아버지의 폐암 말기를 고쳐주신 하나님의 치유와 성령체험을 통해서 변화되었다. 그 일을 계기로 변화를 받아 새 사람이 되어서 성화의 삶을 살아가고 있으며, 현재 CCC 경기도 지부 대학부에서 4년째 팀 사역을 열심히 하고 있다.

<표1> 연구 참여자 기본 정보

참여자	나이	성별	직 업	직 분	결혼 여부	성화 지속 여부	소 속	신앙 경력
A	53	여	간호사	집사	이혼	지속	교회	23년
B	47	여	학원원장	집사	이혼	지속	교회	47년
C	39	남	공연기획	팀리더	미혼	지속	YWAM (예수전도단)	32년
D	24	여	청소년 상담사	팀리더	미혼	지속	CCC (대학생선교회)	15년

2) 현장에서 현장 텍스트로 이동하기

내러티브 탐구자는 경험의 의미를 이해하고 구성해가는 것을 목표로 한다. 내러티브 탐구자의 경험은 이중적이며, 또한 경험 자체의 일부가 되어 이러한 경험에서 오는 긴장들은 언제나 존재한다.[204] 현장 텍스트는 연구자가 연구참여자와 친밀해지기와 함께 관계적인 거리 두기와 관련된 긴장들은 내러티브 탐구 속에 항상

---

204) D. Jean Clandinin · F. Michael Connelly, 『내러티브 탐구』, 161-2.

존재하므로 적절하게 반복을 거듭하도록 시도를 한다.

내러티브 탐구는 관계적 속성을 갖기 때문에 완전히 몰입해서 "사랑에 빠져야만" 하지만, 또한 한걸음 물러나 연구 속에 있는 연구자와 연구참여자들의 이야기뿐만 아니라 연구자와 연구참여자가 함께 살고 있는 커다란 전경을 볼 수 있어야 한다.[205] 내러티브 탐구에서 연구참여자와 친숙한 관계로의 이동은 필수적이지만, 객관성을 잃어버리고 연구자가 일정선을 넘어서 지나치게 연구에 개입하므로 불신감을 초래할 수 있기 때문이다. 따라서 현장 속에 존재하기는 연구 텍스트를 구성하는 동안에는 연구 중인 경험 세계와의 친밀감 속으로 "들어왔다 나갔다"하면서 냉담한 관찰자가 되어야 한다.

연구자는 현장 텍스트를 쓰는 과정에서 연구가 진행되는 동안 참여자가 무엇을 말하고 행동하는 것과 연구에 참여하는 일에 대한 그들의 느낌이나 생각에도 관심을 가지고 기록하려고 했다. 연구참여자의 경험이 연구 텍스트로 구성될 수 있기 때문이다. 연구참여자의 경험에 몰입하기와 거리 두기를 적절하게 반복함으로서 친밀감을 유지하면서도 객관성을 잃지 않도록 노력했다. 연구참여자와 나눈 대화 속에서 발생하는 여러 가지 상황에서 시간적 변화

---

205) 위의 책, 162-3.

에 민감하려고 했다. 연구자는 시간과 장소를 옮겨 다니면서 생생한 대화만을 포착하려고 내담자의 경험에 집중했으며, 협동적인 연구를 통해 연구참여자가 나아갈 방향을 볼 수 있게 하고 성장하는데 도움을 주고자 노력했다.

3) 현장 텍스트 구성하기

내러티브 탐구 과정에서 연구자가 자료를 수집하거나 연구참여자의 이야기를 듣고 만든 자료를 "현장 텍스트"라고 불린다. 현장 텍스트라는 용어를 사용하는 이유는 그러한 자료는 발견한 것이 아니라 현장 경험의 양상을 나타내기 위해 참여자와 연구자에 의해 창조된 것이기 때문이다.[206] 현장 텍스트의 구성은 해석적 과정이다. 현장 텍스트는 내러티브 탐구에서 데이터로 간주되며 데이터는 연구 경험의 객관적인 현상이기 때문에 어떻게 현장 텍스트를 해석할 것인가는 중요하다.[207] 연구참여자와 관계는 이야기뿐만 아니라 이야기의 의미를 구성하는데 있어서 연구자의 영향을 받을 수 있으므로 연구자는 현장 텍스트에 묘사된 상황의 관계적 조건들을 일지에 상세하게 기록해야 한다.

---

206) 염지숙, "교육 연구에서 내러티브 탐구의 개념, 절차, 그리고 딜레마," 5.
207) D. Jean Clandinin · F. Michael Connelly, 『내러티브 탐구』, 182.

내러티브 탐구는 개방적이고 경계가 없는 3차원적 탐구 공간 속에서 연구하는 것이다. 그러므로 현장 텍스트를 만들 때, 연구자들은 자신과 연구참여자들이 시간적으로, 공간적으로, 그리고 개인적이거나 사회적 측면에서 어디에 위치해 있는가를 인식해야 한다.[208]

(1) 자료수집 기간

자료수집 기간은 두 차례에 걸쳐 이루어졌다. 1차는 2013년 1월부터 2013년 3월말까지 3개월간 글쓰기 이전 단계에 필요한 자료를 수집했다. 이 시기에는 연구 주제에 맞는 문헌들과 학술지와 학위논문 그리고 교수들의 조언 등을 통해서 많은 자료들을 수집하고 연구에 적합한 참여자들을 선정하였다. 2차 준비 기간은 2013년 4월부터 8월말까지 약 4개월간 연구참여자를 만나서 참여자의 이야기를 들으면서 자료수집에 들어갔다. 각 참여자들을 만나서 몇 차례의 면담을 할 것인지, 면담 시간은 어떻게 정할 것인지, 장소는 어디로 정할 것인지 등에 대해서 참여자와 합의를 했다. 각 참여자 별로 1주에서 2주간 간격으로 1시간 30분에서 2시간씩 5번의 만남을 통해 자료를 수집했다. 자료수집은 연구동의서, 질문

___

208) 위의 책, 185.

지 중심의 면담, 녹음, 비형식적인 대화, 관찰일지 기록하기 외에 추가적으로 부족한 부분에 대해 연구 텍스트를 써 나가면서 만남과 전화나 이메일로 보충하였다.

(2) 자료수집 방법

연구자는 현장에서 작성한 관찰 일지와 심층면담 및 질문지, 현장에서 녹음 내용을 작성한 현장노트, 연구자와 연구참여자의 기억상자, 그 외 문서자료 등 다양한 자료들이 사용되었다.

① 현장노트

내러티브 탐구에서 중요한 참여관찰을 통해 작성된 참여관찰 일지, 비형식적인 대화, 연구 일지, 개방적인 면담, 가정사, 기억상자, 다양한 종류의 형식적·비형식적 문서, 가족에 대한 이야기, 그리고 기타 문서들이 현장 텍스트들이다.[209] 면담에서 포착될 수 있는 범위 너머의 경험을 탐색할 수 있도록 노력했다. 현장 텍스트 기록에서는 연구자와 연구참여자의 관계에서 경험한 정보수집을 위해 현장일지를 기록했으며, 더 많은 정보를 얻기 위해서 연구참여자와 이야기한 내용에 대해 동의를 얻어 녹음을 하였다. 면담이

---

209) 위의 책, 185–9.

끝난 후에는 녹음된 내용을 전사했다.

② 연구 일기

연구자는 현장에서 돌아와 연구참여자와 만남을 통해 이루어졌던 이야기들을 다시 떠올리고 현장에서의 상황을 되돌아보면서 생각과 느낌을 정리했다. 그러나 일기를 씀으로서 우리 자신의 경험을 검토하고, 신선한 관점을 얻으며 경험 자체를 변형시키기 시작할 수 있다.[210] 그러므로 반성적 연구 일기쓰기를 통해 자신의 관찰과 생각을 확장시킬 수 있는 기회로 삼았다. 연구 일기를 쓰는 일을 통해 다시 읽어보고 느낌과 생각을 다시 회상함으로 연구의 본질을 잊지 않으려고 했다. 녹음된 테이프를 듣고 또 들으면서 사소한 것 하나도 놓치지 않고 현장 노트를 구성하려고 했다. 연구참여자들의 영적 세계에 대해 새로운 관점을 얻고, 나 자신을 돌아보고 성찰할 수 있는 계기가 되었다.

③ 기타 자료

기타 자료로 참여자 A와 B는 자서전적 글쓰기를 통해 지금까지 신앙생활을 하면서 내적 치유를 받은 사건과 성화의 경험과 그에

---

210) 염지숙, "내러티브 탐구를 통한 유아 세계 이해," 57.

대한 의미를 진솔하게 기록해 주었다. 그들의 삶을 이해하는데 많은 도움이 되었다. C와 D는 자신들의 내적 치유와 성화의 경험에 관한 이야기들을 메일로 보내주기도 하였고 가끔씩 문자로도 주고받았다. 이러한 자료들이 참여자들의 삶의 경험을 이해하고 분석하는데 많은 도움이 되었다.

4) 현장 텍스트에서 연구 텍스트로 이동하기

내러티브탐구란 삶의 이야기에 의존하여 그 이야기를 토대로 생각하고 살아가는 삶에 동참하는 과정이며, 그리고 은유적인 3차원의 공간을 토대로 탐구하는 방식이다. 이 과정에서 연구자는 현장 텍스트를 읽고 다시 읽음으로써, 해석과 분석을 통해 현장 텍스트의 의미를 밝히게 된다.[211]

내러티브 탐구는 탐색이라는 감각과 "다시−탐색한다"(re-search)는 감각을 보다 강하게 갖는 것으로서, 문제의 정의와 해결보다는 탐구의 지속적인 재형성을 더 강조하는 것이다.[212] 현장 텍스트에서 연구 텍스트로 이동할 때 내러티브 방법의 탐구와 관

---

211) 최윤경, "초등학교 음악교생 지도교사의 경험에 대한 내러티브 탐구,"「교육과학연구」제40권 1호 (1999), 39.
212) D. Jean Clandinin · F. Michael Connelly, 「내러티브 탐구」, 231.

련된 세 가지 고려사항을 살펴보면 다음과 같다.

① 이론적 고려 사항으로서, 연구자에게 주요 이슈가 되는 이론적 내러티브 관점과 방법을 구분하고 분류하는 것이다.

② 실천적인 현장 텍스트 지향의 고려 사항으로서, 현장 텍스트를 읽고 또 읽고 연구 텍스트를 작성해야 한다. 연구참여자들과의 풍부하게 살아 있는 이야기를 연구 텍스트를 통해 다시 이야기하는 것으로 초점이 이동해야 함을 말한다.

③ 해석적-분석적 고려 사항으로서 현장 텍스트에서 연구 텍스트를 해석하고 분석할 때, 현장 텍스트에 대해서 그 의미와 사회적 중요성에 대해 물어보아야 한다. 내러티브 연구자는 내러티브 분석 용어를 가지고 현장 텍스트를 내러티브하게 코딩하기를 시작한다.[213]

내러티브는 우리 삶의 경험에 관한 이야기이다. 우리의 삶이 단편적이지 않고 연속적인 것처럼, 내러티브도 조각으로 구분할 수 없기 때문에 때로는 일반화 시키려고 하거나 주제를 추출해 내려고 할 때 경험의 풍부함과 내러티브의 특성을 잃게 되는 경우가 있음을 주지해야 한다.[214]

---

213) 위의 책, 241.
214) 김진필, "체육 교사의 교육과정 재구성 경험에 대한 내러티브 탐구," (한국교원대학교 석사학위논문, 2012), 52.

이에 연구자는 현장 텍스트에 머물지 않고 현장 텍스트 안에서 의미를 발견하고 연구 텍스트를 재구성하였다. 연구 텍스트에서 다양하게 수집된 현장 텍스트에 근거한 여러 가지 연구물에서 연구자는 현장 텍스트의 의미, 사회적 중요성, 목적 등을 고려하면서 현장 텍스트를 분류하고 분석했다.

5) 연구 텍스트 작성하기

우리는 연구 텍스트를 쓰기 시작할 때, 형식주의적이고 환원주의적인 경계에서 살아가는 삶이 만들어 내는 그리고 반드시 협상되어야 하는 긴장을 경험하게 된다. 한편으로 현장을 떠난다는 긴장과, 수많은 현장 텍스트를 가지고 무엇을 어떻게 할 것인지 그리고 독자들이 이 현장 텍스트를 어떻게 받아들일 것인지에 대한 긴장감이다.[215]

언구 텍스트를 만드는 동안에 연구자와 연구참여자는 목소리가 균형을 유지하도록 노력해야한다. 연구 텍스트에서 어떤 방식으로 얼마만큼 연구자로서의 "나"를 드러낼 것인가를 결정하는 것은 중요하다. 여기에서 "나"를 너무 많이 드러내면 연구 텍스트가 지나

---

215) D. Jean Clandinin · F. Michael Connelly, 『내러티브 탐구』, 253-4.

치게 주관적으로 흐를 수 있고 그 반대의 경우에는 참여자의 관점에서 쓰여질 수 있다.[216]

내러티브 탐구자는 지속적인 반성, 즉 깨어있음이 필연적으로 수반되어야 한다. 따라서 내러티브 탐구자는 탐구의 형식주의적이고 환원주의적인 경계에 위치하고 있으므로, 3차원적 내러티브 탐구 공간에서 탐구자로 하여금 탐구의 전 과정에서 요구되는 결정들에 대해서 방심하지 말고 깊이 생각해야 한다.

이에 연구자는 현장 텍스트를 작성함에 있어서 형식주의적, 환원주의적 경계에서 방심하지 않고 깨어있기 위해 노력했다. 현장 텍스트들을 포괄적인 내러티브 텍스트로 만들기 위해 연구가 누구를 위해 작성되고 있는지, 독자들에게 어떠한 지각과 의미를 줄 수 있는지를 고려하면서 현장 텍스트를 3차원적 내러티브 탐구 공간 안에서 적절하게 선별하고 위치시키려고 했다. 연구자는 참여자들의 내적 치유와 성화의 경험에 관한 이야기를 참여자의 입장에서 정확하고 명료하게 표현하려고 했다. 연구참여자들의 현장 경험을 내러티브하게 포착하는 방식으로 연구참여자들을 고려하여 텍스트를 써야 한다는 긴장 속에서 균형을 유지하고자 했다.

---

216) D. Jean Clandinin · F. Michael Connelly, 『내러티브 탐구』, 254-5.

Ⅳ. 내적 치유에서 성화의 경험에 관한 내러티브

Ⅳ. 내적 치유에서 성화의 경험에 관한 내러티브

이 장에서 연구 텍스트 구성은 참으로 어려운 과정으로 그 어떤 글쓰기보다 긴장된 시간들이었다. 쓰면서 독자도 생각해야 하고, 미래에 대한 고려 없이 과거에 대한 이야기에만 치중할 수 없고, 연구물의 사회적 영향력을 고려하면서 개인적인 경험에 특별히 관심을 가지고 작성해야 하는 어려움이 있었다. 무엇을 어떻게 써야 하는지 그리고 그런 글쓰기가 누군가에게 어떠한 의미가 있는지 입체적인 고려를 해야 하는 긴장감이 있었다. 현장 텍스트는 3차원 내러티브 탐구 공간에서 수집했으며, 과거와 현재를 오가며 현장 안팎에서 여러 관점을 쌓았다. 연구자는 참여자들과의 개인적인 관계를 통해 그들의 성장 이야기, 신앙을 갖게 된 동기, 내적 치유에 참여하게 된 경위, 내적 치유에서의 중생과 성화의 경험이 삶의 열매로 나타나는지 여부를 수집했다. 이러한 경험의 이야기를 전하는데 있어서 적절한 균형을 유지하고자 노력했다.

연구자는 오랫동안 내적 치유사역을 실시해 왔다. 논문에 필요한 참여자 선정 문제로 고민하던 중에 지도 교수님과 상의하여 교인 2명과 CCC와 예수전도단에서 각각 1명씩 선정하기로 했다. 교회에서 교인들의 동의를 얻어 가장 모범적인 교인 두 명을 추천 받아서 선정하게 되었다. 선교단체에서 2명은 지인의 소개로 좋은 팀 사역자들을 만나게 되었다.

본 연구에서 연구자는 현장 텍스트를 구성하기 위해 내적 치유를 받은 2명의 집사와 2명의 팀 사역자들의 성화의 경험에 관한 이야기를 분석하고자 한다. 각 연구 참여자 개인의 성화의 경험 과정 중에 겪게 되는 문제와 위기 그리고 갈등 등을 극복하는 방법에 차이가 있음을 발견했다. 연구참여자 개인의 성향과 훈련받은 과정과 기간에 따라 조금씩 다르게 나타났다. 이러한 연구참여자의 경험을 토대로 현장 텍스트를 구성했다. 참여자의 순서는 평신도인 A집사와 B집사 그리고 선교단체의 팀 사역자 C와 D의 순서로 기술하였다.

1. 평신도의 내적 치유와 중생과 성화 경험 이야기

1) A 집사의 내적 치유와 중생과 성화 경험 이야기

A집사는 50대 초반의 여성으로 노인전문 병원에서 간호사로 일하기 때문에 3교대 근무를 한다. 근무가 아닌 쉬는 날을 선택해서 자유롭게 교회에서 만났다.

> A집사는 언제든지 말씀하시면 시간을 내서 도와주겠다고 하는데..... 막내 아들 문제로 정신이 없는 나를 바라보면서 걱정스러웠던 모양이다. 아마도 논문에 대한 기대감이 큰 모양이다. 지금까지 훈련받아 온 것들을 공개해서 다른 사람들도 우리와 같은 은혜를 받는 사람이 많아졌으면 좋겠다는 이야기를 늘 했었는데..... 빨리 진행되었으면 하는 바람이 있었나 보다..... 십수 년을 함께한 성도이기 때문에 나와 가정에 대해서 잘 알고 있기 때문에 안타까워하면서 하루 빨리 도움이 되고자 하는 마음이 너무 고맙다. 연구자로서 힘이 되고 위로가 되었다. 앞으로의 만남에서 참여자의 경험을 구성하는데 있어서 목회자와 성도로서 관계가 아닌 냉철한 관찰자로서의 적절한 균형을 유시하고자 노력했다. (연구일기, 2013. 4. 30)

A는 단정하며 얌전한 인상을 가진 50대 초반의 중년 여성으로, 충북 보은에서 2남 3녀 중에서 둘째 딸로 태어났다. 졸업 후에 상경해서 간호사로 일하던 중에 남편을 만나서 결혼했다. 슬하에 1남 1녀를 두고 있다. 큰댁에서 시어머니를 모시지 않아서 차남인

남편이 어쩔 수 없이 어른을 모시게 되어 고된 시집살이를 하게 되었다.

31살 때에 ○○○교회 집사로부터 전도를 받고 신앙생활을 처음 시작하게 되었다. 신앙생활 10년 정도 되었을 때 남편이 사업에 실패하게 되어서 빚쟁이들로부터 빚 독촉을 받고 도망 다니는 신세가 되었다. 밑바닥까지 내려간 상황에서 견디기가 너무 힘들어서 남편과 합의하에 법적 이혼을 하게 되었다. 빚쟁이들을 피해서 남편과 시어머니는 고향으로 내려가고 A는 아이들 남매를 데리고 부천에 살게 되었다.

형식적으로는 이혼을 했지만 부부관계를 어느 정도 유지하던 중에, 시간이 흐르면서 남편에게 여자가 생기고 점점 남편의 마음이 돌아서기 시작하면서 진짜 이혼이 되어버렸다. 남편이 처음에는 지방에서 버스 기사를 해서 생활비 일부를 보내 주었는데, 나중에는 생활비도 주지 않고 딴 살림을 차렸다. 힘든 상황에서 남편마저 딴 살림을 차렸다는 것을 안 순간 모든 것이 다 무너지는 것 같았다. 아이들하고 살아야 하는데 살아갈 수 있는 힘을 상실해 버렸다. 소망도 끊어지고 살아야 하는 이유가 없었다. 아이들 생각도 하지 않았다. 그저 모든 것을 잊기 위해 이집 저집 헤매고 다녔다. 밤이 오기를 기다렸고 눈감으면 다음 날 눈뜨는 것이 두려워서 이대로 잠자면서 죽기를 원했는데 죽는 것도 쉽지 않았다. 어쩔 수 없이 목숨이 붙어있어서 할 수 없이 사는 인생이었다. 그러던 중에 같은 교구 집사님 소식을 듣고 찾아가서 ○○○교회로 갈 수 있는 길이 열리게 되었다.

○○○교회에 출석하면서 기도훈련과 성경공부 그리고 상담을 계속 받으면서 하나님을 알게 되면서 자기 자신을 알아가게 되었다. 회개하는 삶을 통해 중생을 체험하고 삶의 변화가 일어나면서 성화의 삶으로 이어졌다. 경건의 능력이 생활 속에서 열매로 나타나며 영육간의 문제들이 해결 되었다. 물론 그 동안 어려움도 많았고 쓰러지고 넘어질 때도 많았다. 그럼에도 불구하고 참고 견딘 결과 불순종이 체질화 되었던 지난 날의 삶을 신앙으로 극복하고 순종의 사람으로, 원망과 불평이 감사로 바뀌게 되었다. 지금 현재는 A집사로 인해 불신가정이었던 친정이 예수를 믿게 되는 하나님의 놀라운 역사가 나타나고 직장에서도 주님 영광이 나타나고 가정에서도 있을 수 없는 하나님의 기적을 체험하면서 살아가고 있다. 이제는 자기 일에 충실하며, 봉사도 잘한다. 가치관의 변화와 삶의 목석이 분명하여 참된 그리스도인으로서 소망이 넘치는 삶을 살고 있다.

(1) 교회를 옮기게 된 동기: 성령의 인도하심

교회는 다니고 있었지만 신앙이 뭔지 왜 믿는지도 모르고 막연하게 다녔다. 아이들 둘을 데리고 날마다 죽기를 바랐는데, 12년 전 같은 교구 집사가 이혼 위기 직전에 연구자를 만나서 문제해결을 받고 가정이 안정되었다는 소식을 접하게 되었다. 지푸라기라도 잡는 심정으로 그 집사를 찾아가서 연구자를 만날 수 있게 도와달라고 매달렸다.

그 집사 소개로 연구자를 만나서 상담을 받게 되었다. 6개월간 기도로 준비하고 응답받으면 오라고 해서 그 날부터 작정기도를 시작했다. 기도하는 가운데 까마득히 잊어버렸던 것이 있다. 중1인 아들이 6학년 때 꾸었던 꿈이 생생하게 기억이 나면서 꿈에 보여준 교회와 그 여자 목사님을 만나는 순간 아들이 꿈에서 본 그 목사님이고 바로 그 교회라는 것을 확실하게 알게 되었다. 그 때 꿈에서 보았던 조그마한 교회가 연구자가 처음으로 개척했던 교회라는 사실을 알게 되었다. 6개월의 기도를 마치고 모든 것을 정리하고 교회를 옮기게 되었다. 그 때가 2001년 9월이었다. 교회를 옮기면서 소망이 생겼고 기대감을 가지고 다시 새로운 마음으로 신앙생활을 하게 되었다.

○○○교회에서 10년이 넘도록 신앙생활을 해 왔지만, 무엇을 믿고 왜 신앙생활을 하는지 전혀 모르고 맹목적으로 교회를 다녔어요. 본래 그렇게 신앙생활을 하는 줄 알았어요. 그러면서도 믿음이 좋은 줄로 알았고 신앙생활도 잘하는 줄로 착각하면

서 다른 사람들을 비판하고 정죄하는 일들을 의식 없이 하면서.......그땐 그것이 죄라는 생각은 해 본 적이 없었고 아예 잘못이라는 생각을 해 본 적이 없었어요. (2013. 4. 30)

그리스도인으로 정체성 없이 10년이 넘도록 신앙생활을 하면서 자신이 누구인지 왜 사는지, 삶의 목적도 없이 살아가고 있었다. 신앙생활을 어떻게 해야 옳은지 알지 못해서 사사시대 이스라엘 백성들처럼 자기 소견대로 살았다. 하나님을 알지 못하므로 마음대로 죄짓고 살면서 죄의식도 없이 하나님을 두려워하지 않았다.

전 ○○○교회 오기 전에는 날마다 마실 다니면서 이웃집 여자들하고 노닥거리면서 시간을 보내야 되니까...... 아이들은 아이들대로 챙길 생각도 못했어요. 그냥 내가 사는 게 너무 힘들어서 죽고 싶은 생각 밖에는 아무런 생각이 없었어요. 한마디로 집안 꼴이 엉망이었어요. 제정신이 아니었어요. 그러고는 하루 종일 나가서 있다가 집에 돌아오면, 아이들은 아이들대로 동네 문방구 앞 게임기에 매달려서 하루 종일 게임하다가 어두위지면 들어와요. 그러면 나는 나대로 아이들 땜에 못살겠다고 꼬집고 쉴새 없이 잔소리를 했는데, 전 잔소리하는 줄도 몰랐어요. 저 그때 결벽증이 심했잖아요. 그래서 우리 아들이 엄마 때문에 돌아버리겠다고 했나봐요. (2013. 4. 30)

자아 정체성의 상실로 인한 자포자기 상태에서 날마다 시간을 허비하며 존재감 없이 살아가고 있었다. 엄마가 아이들을 돌보지 않고 방황하고 돌아다니다 보니 아이들은 버려진 상태로 부모의 사랑과 돌봄을 받지 못하므로 불안해서 밖으로 돌았다. A집사는 심각한 결벽증으로 무조건 자기 기준에 아이들이 맞추지 않으면 안 되었다. 아이들의 입장은 전혀 알지 못하고 속 썩인다고 원망하고 짜증을 내며 잔소리를 하게 되니까 아들은 과도한 스트레스로 계속 게임을 하다가 중독에 빠지게 되었다.

> 그땐 뭐하나 속 시원한 거 없었어요. 그러던 차에 소문 듣고서는 살아보려고 잘 아는 박집사를 찾아가서 목사님을 만난 거예요. 그리고 기도 준비하라고 하셔서 기도 준비 중에 아들의 꿈이 기억났어요. 꿈속에서 아들이 밤중에 길을 가고 있는데 갑자기 마귀가 나타나서 뒤쫓아 오는데 무서워서 도망을 가는데 하늘에 별이 길을 안내했대요. 별이 인도하는 대로 한참동안 따라가는데 갑자기 골목으로 들어가서 어떤 집 앞에서 별이 멈춰서 그 집으로 들어갔더니 교회였다고 해요. 조그마한 교회인데 벽이 하얗고 교회 안이 굉장히 밝고 깨끗했고 강대상에 여자 목사님이 머리를 올리고 단정한 모습으로 서 있었는데, 그 순간 꿈에서 깨어나서 엄마한테 이야기를 했었는데 이상한 꿈을 꾸었나보다 하고 잊어버렸는데 기억나게 하셔서 성령의 인도하심이란 걸 깨닫고 ○○○교회로 옮기게 되었어요. 옛날 일 생각하니까 끔찍하네요.....목사님을 만난 것이 정말 하나님 은혜예요. (2013. 4. 30.)

하나님은 A집사의 모든 형편과 사정을 아시고 아들의 꿈을 통해서 미리 모든 것을 예비하시고 때가 되어서 성령의 인도함을 받게 하였다. A집사 가정을 향한 하나님의 사랑과 은혜로 그들에게 회복할 수 있도록 기회를 주시고 삶의 소망을 주었다. 하나님은 상한 갈대도 꺾지 않으시고 꺼져가는 등불도 끄지 아니하시는 분이다.

(2) 하나님의 살아계심 체험: 신앙의 싹이 트기 시작

10년을 넘게 신앙생활을 했는데 어떻게 믿어야 하는지, 어떻게 믿는 것이 잘 믿는 것인지 관심도 없었고, 가르쳐주는 사람도 없었다. 모든 사람이 다 그렇게 신앙생활을 하는 줄로 생각했다. 그런데 ○○○교회에 와서 기도훈련에서부터 성경공부 그리고 상담을 통해 사람으로서 마땅히 행해야 할 생활방식을 배우면서 삶의 태도를 바꿔 나갔다. 처음에는 멋대로 자기 소견대로 살아오던 습관을 고치기가 쉽지 않았다. 유난히 대적도 많이 하고 불순종도 많이 하며, 고집을 꺾지 않아서 힘든 사람이었다. 그런데도 하나님은 A집사에게 오자마자 기적을 보여주고 하나님의 살아계심을 믿으라고 20년이 넘은 불치의 피부병과 아들의 정신병, 그리고 죽을 목숨을 살려주신 것 등등 이런 일들을 통하여 하나님께 매달리는 계기가 되었다.

저는 지금까지 ○○○교회 와서 전에는 신앙생활 할 때 정말 성경 말씀에서는 기적이 많이 있다고 들었지만, ○○○교회에 와서 비로소 기적을 많이 체험했어요. 너무 많은데 그 중에서 가장 기억에 많이 남는 거는 결혼해서 시어머니와 5년 동안 같이 살았어요. 같이 살았는데 위에 동서가 있었는데 저보다 한 살 더 많아요. 결혼할 당시에 시어머니와 동서가 사이가 안 좋았어요. 말만 해도 시어머니와 동서가 신경전을 벌였어요. 저는 ○○○교회 와서 얼마 안 되었을 때 두 세달 쯤 되었을 때에 꿈을 꾸었어요. 꿈에 시어머니가 저를 향해서 이렇게 화살 끝에 독이 묻힌 독화살을 저를 향해서 막 쏘았어요. 저는 꿈에 대한 그런 지혜가 전혀 없어서 목사님께 말씀드렸어요. 목사님께서 시어머니가 저를 그토록 미워하는 거라고 말씀해 주셨어요. 하나님께서 알려 주셨으니까 전 성도가 합심해서 기도로 막으라고 보여주신 거라고 하시면서 그 때부터 한 달 정도 전 성도가 합심 기도를 했어요. 거의 한 달 쯤 되었을 때 갑자기 큰댁에서 오전까지만 해도 멀쩡했던 큰 형님이 갑자기 심장마비로 죽었다고 연락이 왔어요. 12시 넘어서 갑자기 죽었다고……깜짝 놀랐어요. 목사님께 전화를 드렸어요. 제 대신에 동서에게로 가서 동서가 나 대신 죽은 거라고 하셨어요.

원인이 시어머니께서 저를 죽도록 미워하셨어요. 영적으로 저를 죽이고 싶었는데, 하나님께 기도하니까 피하게 하신 거라는 것을 알게 되었어요. 목사님께서 화가 큰댁으로 간 거라고 말씀하셨어요. 제 꿈에도 화살이 큰집으로 날아갔어요. ○○○교회에 와서 하나님의 살아계신 역사를 제가 체험했어요. 전에 교회 다닐 때는 그런 기적을 보지 못하다가 살아계신 하나님의 역사라는 것을 알았어요. 하나님께 감사드려요. (2013. 5. 14)

A집사는 신앙생활을 10년 이상 했지만 성경에서나 보고 들었던 것을 실제로 삶의 현장에서 체험하게 되어서 성경이 살아계신 하나님의 말씀임을 깨닫게 되었다. 이러한 하나님의 기적적인 역사

는 체험의 증거가 되어 시간이 갈수록 그 크기를 더해 A집사의 정
신세계에 자리를 잡게 되었다.

제 아들 정신병을 ○○○교회에 와서 치료 받았어요. 아이가
다섯 살 때 큰댁에 조카가 정신병으로 안 좋았는데, 차사고로
죽었어요. 아들을 데리고 장례식장에 가서 3일 동안 가 있었어
요. 그 때 아이가 너무 놀라고 충격 받으면서 그 정신병이 아들
한테 들어와서 그렇다는 것을 목사님께서 알려 주셨어요. 목사
님께서 ○○병원에 가서 검사 좀 받으라고 하셔서 아들을 데리
고 병원에 가서 여러 가지 검사를 받았어요. 정신병 종류가 한
일곱까지나 나왔어요. 그 ○○병원 과장님이 입원을 해서 치료
를 받든가 빨리 치료를 받아야 한다고 했어요. 정확하게 다시
정밀검사를 해야겠다고 하셨어요. 그런데 물질도 없고 .... 정신
병이라는 진단을 받았음에도 불구하고 목사님께서 기도해 주셔
서 군대생활도 무사히 마치고, 9등급이라서 대학은 꿈도 꿀 수
없었어요. 그런데 목사님의 기도로 4등급도 못 들어간다는 ○
○○대학에 하나님의 기적으로 들어갔어요. 지금은 대학에 들
어가서 잘 다니고 있고, 학교에서 추천을 해준 연구소에서 열
심히 일하면서 주경야독을 하고 있어요. 말로만 듣던 기적을
정말로 말할 수 없이 체험을 많이 했어요. 말로 다 표현을 못해
요. 저 뿐만 아니라 ○○○교회 다른 성도들도 다 경험한 거예
요. 너무나 많고 길어서 일일이 다 말할 수 없어요. 오랫동안
체험한 거라서..... (2013. 5. 14)

A집사는 자신뿐만 아니라 아들 문제로 하나님의 기적을 체험하
면서 삶의 소망이 생기고 삶의 의미를 발견하게 되었다. 이제 비로

소 열심히 살아야겠다는 다짐과 결심을 하면서 하나님을 믿는 신앙에 싹이 트기 시작했다. 하나님의 기적적인 체험을 통해서 영적인 눈을 뜨기 시작했다. 그러면서 삶의 태도도 바뀌고 시련을 견뎌낼 수 있는 힘이 생기면서 신앙이 조금씩 성장해갔다.

(3) 광야 생활: 순종하는 훈련을 통한 관계회복

지금까지의 신앙생활은 종교인으로 삶아온 삶이었다. ○○○교회에 오면서 본격적으로 광야생활이 시작되었다. 하나님을 믿는다 하면서 하나님에 대한 지식이 전혀 없고 흔히 하는 말로 구원받고 천국 간다니까 맹목적으로 믿었다. 그리고 교회에 다니니까 천국은 따 놓은 당상으로 알고 믿기 이전과 다를 바 없는 변화 없는 삶을 살면서도 그 문제에 대해 생각도 하지 않았다.

믿음도 전혀 없고 아무 것도 모르는 사람에게 기도훈련과 말씀공부 그리고 잘못된 습관을 고치도록 하는 것은 쉬운 일이 아니다. 잘못된 것이 한두 가지가 아니라 너무 많았다. 그 중에서도 가장 힘든 것이 불순종이 체질화 되어 있어서 아무리 가르치고 훈련을 해도 돌아서면 잊어버렸다. 더군다나 시험이나 유혹이 오면 너무 쉽게 실족하곤 했다. 5년을 고비로 죄인임을 깨닫기 시작하고 회개 생활도 잘 하면서 순종하는 단계로 접어들었다.

순종하는 훈련을 하면서 가장 힘들었던 것은 불순종이 몸에 베여 있어서..... 옛 사람으로 살아왔던 습관 고치는 게 정말 어려웠어요. 미련함으로 똘똘 뭉쳐 있어서 하나님의 말씀이 귀에 들어왔다 바로 빠져나가 뭘 들었는지도 모르고 기억도 나질 않아 순종하기가 어려운데다 교만이 가득 차서 불순종을 너무 많이 했어요. 모든 게 감사해요. (2013. 5. 28)

그 때 A집사는 열심히 순종해 보려고 노력을 해도 말씀이 마음에 새겨지지 않아서 너무 괴롭고 힘들었다. 습관 고치는 것이 죽기보다도 힘든 일이었다. 문제는 죄의식조차 없고 미안해 할 줄 모르는 것이 문제여서, 머리로는 아는데 마음에 와 닿지 않았다. 잘난 것도 없고 내세울 것 하나도 없는데 왜 그렇게 교만했던지....... 불순종이 체질화 되어 있던 과거의 자신을 돌아보며 하나님께 감사할 수밖에 없다.

처음 몇 년 동안은 서로 잘 났다고 맨날 만나기만 하면 죽도록 싸웠어요. 그 땐 서로가 너무 미워하고 시기해서 꼴을 못 봤어요. 용서가 되질 않았어요. 참 미련하고 너무 어리석었던 깃 같아요. 한 마디로 감각 없이 기가 막힌 삶을 살았어요. (2013. 5. 28)

그 당시 A집사는 믿음이 없으므로 죄의식도 없었다. 항상 자신이 옳다고 생각하므로 다른 사람의 실수를 용납지 않았다. 그래서 자기만 옳고 의롭다고 고집을 꺾지 않고 다른 사람이 다 틀렸다고 억지를 부리니까 의견 충돌이 생기고 날마다 싸울 수밖에 없었다. 세상에서 가장 하기 어려운 것 두 가지를 들라면, 그것은 죄를 안 짓는 것과 내게 상처 준 사람을 용서하는 것이다.[217) 죄를 안 짓는 것만큼이나 어려운 일이 남을 용서하는 것이다. 육신을 지닌 인간은 새롭게 시작하고 싶은 마음으로 하나님 앞에서 회개를 해 보지만, 또 다시 죄를 짓고 마는 것이 연약한 인간의 한계이다. A집사는 자신의 연약성과 한계를 인정하기까지는 많은 시간이 걸렸다. 연약한 인간이 죄를 범하지 않는 것은 하나님의 은혜로만 가능하다. 그래서 하나님을 더욱 의지하면서 살아갈 수밖에 없다.

> 처음 훈련 받을 때는 내 자신이 할 수 있는 것이 아무 것도 없었어요. 그냥 목사님이 상담해 주시고 하나님께 기도하시고 말씀해 주시면 시키는 대로 하면서 시험이나 유혹을 이겨왔어요. 물론 처음부터 시키는 대로 순종했던 것은 아니고, 오랜 세월을 통해서 야단도 맞고, 때로는 책망도 받기도 하고, 그래도 정신 못 차리면 징계를 받으면서 여기까지 왔어요. 그러면서 사람이 된 거지요. 그렇게 안 하셨으면 지금도 아마 정신 못 차리고 옛날 습관 못 버리고 고집부리고 나 잘 났다 하고 불순종을 밥 먹듯이 하면서 목사님 대적 많이 했을 거예요. 그 당시에는 맘이 아프고 괴롭고 원망스러웠는데, 지금에 와서 뒤돌아보면 너무 감사한 거지요. (2013. 5. 28)

---

217) 송봉호, 『상처와 용서』 (서울: 바오로딸, 2013), 10.

A집사에게 있어서 광야의 훈련 기간이 너무나 힘들고 지겨운 나날들이었다. 더구나 수십 년 동안 자기 소견대로 살아왔는데, 옛사람을 벗어버리기란 죽기만큼이나 어려운 일이다. 그렇지만 하나님 앞에서 살려면 육신에 속한 것들을 십자가에 못 박아야했다. 광야의 이스라엘 백성들이 하나님의 이적과 기사를 날마다 체험하면서도 불순종과 원망불평으로 책망과 징계를 수 없이 받아왔던 것처럼, A집사도 과거의 이스라엘 백성들의 전철을 그대로 밟아왔다. 그럼에도 불구하고 하나님은 과거의 이스라엘을 버리지 아니하시고 오래 참으심으로 끝내 구원하신 결과 하나님의 뜻을 이루셨다. A집사를 통해서 인간을 향하신 측량할 수 없는 하나님의 사랑을 보여주시고 하나님을 사랑하는 자로 살아가게 하였다.

○○○교회 오기 전에는 회개 생활을 한다고는 했지만, 진심으로 회개가 전혀 되지 않아요. 입술로만 회개했어요. 목사님께서 진정한 회개를 가르쳐 주셨어요. 로마서와 갈라디아서 말씀을 하나하나 가르쳐주시면서 하나하나 중점적으로 회개하라고 가르쳐 주셨어요. 목사님 말씀에 순종해서 회개했어요. 처음에는 엄청 막연했었거든요. 막연했는데 어떻게 해야 하나 했어요. 가르쳐 주시는 대로 하나하나 회개하기 시작했어요. 그렇게 회개하다보니까 깨달아지는 것이 새롭고 전에는 전혀 몰랐던 것들이 상세하게 알게 되고 죄에 대해서도 죄가 엄청나고 죄를 지으면 안되겠다라는 생각이 차츰차츰 확고하게 왔어요. (2013. 5. 28)

죄가 뭔지도 모르고 왜 회개해야 하는지도 모르는 A집사는 회개하라고 시키는 것에 대해 처음에는 막연했다. 우리는 자신의 삶을 극대화하기 위해 시간의 3차원, 즉 과거, 현재, 미래를 놓고 먼저 과거부터 탐색하며 새로운 안목으로 바라보고 나아가야 한다.[218] A집사는 예수를 믿는다고는 하지만 머리 신앙으로 살아왔던 지난 날의 삶을 돌아보고 미래에 대한 소망을 바라보면서 현재의 고난을 이기기 위해 괴롭고 힘들지만 날마다 회개하는 자로서 살아갔다. 로마서와 갈라디아서에 나타난 죄들을 날마다 회개하는 가운데 성령이 깨닫게 하는 역사가 나타났다. 막연하기만 했던 것들이 조금씩 깨달아지고 마음에 새겨지게 되고 죄인이라는 것이 인식되어갔다. 죄에 대한 심각성을 알게 되면서 정신이 조금씩 차려졌다. 비로소 회개의 중요성을 조금씩 알아가기 시작했다.

> 저는 목사님께서 계속 죄에 대해서 지적해 주시면 회개하고, 이 생활을 반복하면서도 회개 생활을 늘 한다고 하면서 ○○○교회 와서 5년, 6년 까지도 고치지도 못하고 죄로 인해서 넘어지고 쓰러지는 것을 반복해왔어요. 4개월 동안 징계도 받았어요. 징계가 당시에는 정말 힘들었어요. 저 나름대로는 징계에서 벗어나려고 애도 많이 썼어요. 징계 당하는 기간에는 정말 힘들고 고통스러웠는데 ......그 때 상황에는 사망의 음침한 골짜기

---

218) 양유성, 『이야기치료』 (서울: 학지사, 2004), 81.

를 지나는 것 같았고, 어떤 때는 음부도 보이는 것 같고. 정말 음부 같았어요. 목사님께서 진정한 회개를 해야 된다고 했어요. 그러고 수요 예배 때였어요. 기적같이 말씀을 통해서 진정한 회개가 임했어요. 징계가 풀어지면서 제 마음에는 엄청난 그리고 굉장한 마음의 평강이 강물처럼 흘러내리는 것을 체험했어요. 그 때부터 징계 전에는 정신을 못 차렸는데, 징계 받고나서 정말 이렇게 살아서는 안 되겠다. 굳은 결심을 하고 죄에 대해서 각성하고 더 회개 생활을 철저하게 해야겠다고 굳은 결심을 하고, 열심히 목사님 가르쳐 주신대로 순종하면서 오늘날까지 왔어요. (2013. 5. 28)

A집사는 훈련기간 중에 날마다 회개한다고는 하지만 쉬운 일이 아니었다. 자신의 힘으로 되는 것이 아니라 하나님께서 도와주셔야 한다는 것을 징계를 통해서 심장에 박히는 체험을 하게 되었다. 징계를 당하기 이전에는 하나님은 마냥 사랑만 있고 공의와 상관없는 분으로 알았다. 그래서 싸움도 날마다 하고 고집도 마음대로 부리고 불의를 행해도 무조건 받아주시고 용서해 주시는 하나님으로 알았다가 징계를 통해서 지옥을 경험하게 되었다. 징계가 당시에는 너무 힘들고 고통스러웠지만 그로 인해 하나님의 공의의 사랑을 깨닫게 되었고 의와 평강의 열매를 맺게 되었다(히 12:5-11).

(4) 성화의 체험: 성령의 열매 맺음

참된 회개는 하나님을 두려워하므로 순종과 감사하는 삶을 살게 한다. A집사는 그렇게 멀게 느껴지고 힘들게만 생각되었던 것이 간절함으로 부르짖고 회개하므로 거듭남을 체험하고 새 사람이 되었다. 과거에 하나님을 원망하며 교만함과 시기심으로 다른 사람을 용서하지 못하고 살아왔던 자신을 용서하시고 구원해 주신 하나님의 은혜에 감사하며 살고 있다. 날마다 회개하며 용서와 사랑의 실천적인 삶을 통해서 회개에 합당한 열매 맺는 삶을 살고 있다.

성화지향적 내적 치유를 통해 중생을 경험하고 새 사람이 되어서 성화의 삶으로 하나님께 영광을 돌리고 있는 A집사는 교회에서도 헌신적인 봉사와 성도들 섬기는 일과 주의 종 섬기는 일을 충성스럽게 감당하고 있다. 뿐만 아니라 직장에서도 영혼을 불쌍히 여기며 남들이 꺼리는 노인 환자들을 사랑으로 잘 돌보며 삶으로 본을 보이고 있다. 직장에서 인정받고 환자들로부터 칭찬받고 있다.

> 징계 이후부터 중생의 체험과 함께 회개 기도할 때마다 눈물을 주셨어요. 늘 마음에 평안이 임하고 영혼을 사랑하고 배려하는 마음이 생기고, 선과 악을 분별할 수 있는 지혜가 점점 생겨났어요. 과거에는 너무 미련해서 선과 악을 분별 못하고 죄를 죄로 여기지 못하고 무대포로 살아왔는데, 변화를 받고 보니 죄가 보이기 시작했어요. 이제야 비로소 영적인 환자에서 벗어나 정상적인 사람으로 초보단계에 들었어요. (2013. 6.15)

징계를 통해서 성령의 놀라운 역사로 회심 사건과 함께 중생의 체험을 하게 된 A집사는, 눈물의 회개와 순종의 삶을 통해서 하나님의 지속적인 은혜를 체험하면서 하나님의 참 평강을 누리면서 살아가고 있다. 중생 이전에는 죄로 가리워져서 아무리 가르쳐도 안 되던 것이 선악을 분별할 줄 아는 지혜가 임하고 하나님을 두려워하면서 악에서 떠나 이웃 중심의 삶으로 변화되어 갔다. "내 백성이 지식이 없어서 망하는도다"(호 4:6). 예수를 오랫동안 믿었는데도 불구하고 하나님을 아는 지식이 없어서 죄 가운데서 죽을 수밖에 없었다. A집사는 이제야 하나님을 아는 것이 얼마나 중요하다는 것을 깨닫게 되었다. 징계를 주신 하나님께 감사하고 있다.

날마다 말씀과 기도와 헌신과 봉사와 섬기는 것을 목사님께서 본을 보이셨잖아요. 영혼을 사랑하는 마음으로 우리를 위해 눈물로 기도해 주셨잖아요. 저희도 목사님께서 항상 가르쳐 주신대로 살아가려고 노력하고 있어요. 남의 눈에 티를 보기 전에 하나님 앞에서 내 자신을 항상 돌아보고 회개하면서 사니까 세상 편하고 다투고 싸울 일도 없고 시험들 일이 없어요. 평안하고 너무 좋은 것 같아요. 내일 일을 염려할 필요도 없고 하나님을 믿으니까요. 목사님께서 하나님을 철저하게 신뢰하라는 가르침이 마음에 새겨져서 지금은 직장에서도 큰 도움이 되고 있어요. 힘들고 어려울 때마다 이 말씀을 생각하고 행동해요. 그 때마다 성령의 인도함을 받고 있어요. 날마다 하나님께 전폭적으로 맡기고 하나님 절대주권 신앙으로 사니까 편하고 좋아요. (2013. 6.15)

훈련받은 지 10년이 지난 지금은 겉사람과 속사람을 못 알아볼 정도로 바뀌었다. 처음 ○○○교회 왔을 때 가죽이 튕길 정도로 깡마르고 눈빛은 회색이고 다 죽어가는 할머니로 보였는데, 지금은 눈빛이 살아나고 생기로 가득 차고 살 소망이 넘친다. 보는 사람마다 얼굴이 예뻐지고 젊어졌다는 인사를 한다. 그리스도 안에서 새롭게 변화된 A집사를 통해서 하나님의 살아계심이 삶 속에서 나타난다. 그런 자신을 바라볼 때마다 그저 하나님의 은혜가 놀랍다. 과거에는 남들에게 피해만 주는 인생이었고, 가는 곳마다 까칠하다는 말을 자주 들었다. 이제 A집사는 자신을 변화시켜 주시고 평강 가운데 살아갈 수 있도록 은혜를 베풀어주신 하나님께 감사하면서 살고 있다.

⑸ 빚진 자로서의 삶: 사랑의 수고와 헌신으로 성령의 열매 맺음

A집사는 10년의 연단과 훈련으로 교만이 꺾어지고 겸손해져서 진정한 회개와 순종이라는 결과를 낳게 되었다. 광야생활이 끝이 나고 마음에 천국이 이루어졌다. 하나님께서 1차적으로는 환경의 문제를 해결해 주시고, 2차로 자녀들의 앞길을 열어주시는 보상을 해 주었다.

남편과 헤어지면서 아이들과 먹고 살기 위해서 전자회사를 힘들게 다니면서 한 달에 70만원 간신히 벌면서 살아왔었다. 20년간

손을 놓고 쉬었던 간호사의 길을 갈 수 있도록 하나님께서 응답해 주었다. 하나님의 응답으로 꿈에도 생각지 못했던 있을 수 없는 일이 일어났다. ○○○○병원에 기적으로 들어가게 되었다. 20년 전 상황하고는 전혀 다른데다 더군다나 노인전문병원은 처음 해 보는 것이어서 너무 힘들었지만, 하나님께 기도할 때마다 지혜를 주셔서 다른 사람들보다 일을 잘하고 쉽게 적응할 수 있게 되었다.

○○○○병원은 노인전문병원으로 임종 직전에 입원해서 일정 기간 입원해 있다가 임종을 맞이하게 되는 곳이다. 지혜로운 자는 그 마음이 초상집에 있다는 말씀이 공감이 간다(전 7:4). 죽음을 맞이하는 노인들을 보면서 날마다 정신을 차릴 수밖에 없다. 노인들을 위해서 기도해 주고 복음도 전하며 노인들을 성심껏 돌본다. 하나님이 보고 계신다는 생각에 한 순간도 흐트러질 수가 없다.

A집사의 삶의 현장에서 성실함을 보신 하나님께서 자녀들 문제를 해결해 주었다. 아들이 하나님의 기적으로 정신병을 치료받고 군대생활을 무사히 마치고 제대했는데 대학에 가고 싶다고 했다. 그런데 고등학교 성적이 9등급이었다. 대학에 들어갈 수가 없는 상황임에도 불구하고 하나님은 그 아들에게 4등급도 어렵다는 폴리텍대학에 기적으로 들어가게 하셔서 지금 2학년에 재학 중이다. 딸도 광주보건대학 2년을 졸업하고 사방에 편입 시험을 보고 떨어져서 포기하고 있었는데, 지방대학에 편입해서 3학년에 다니고 있

다. 하나님은 A집사의 신앙을 통해서 가족 모두가 잘되는 복을 주었다. A집사의 영혼이 잘됨으로 범사에 형통함과 강건케 되는 복을 주었다.

친정 부친도 지금까지 A집사의 언니가 20년 동안 복음을 전했는데도 꿈적도 하지 않았는데, A집사가 복음을 전하자 80이 된 부친이 예수를 믿게 되고 믿지 않는 형제들에게서 변화가 일어나는 하나님의 기적이 열매로 나타났다.

> 성화의 삶을 살게 되면서 하나님께서 결혼 전에 병원생활 하던 것을 다시 할 수 있도록 기회를 주셨어요. 제가 지금은 ○○○○병원에서 간호사로 일하고 있어요. 병원에 들어가면서부터 하나님께 더 가까이 나갔어요. 날마다 순간순간마다 하나님 의지하고 꾀를 부리지 않고 열심히 했어요. 하나님께서 그런 걸 다 보시고 계신다는 느낌이 들어요. 20년 만에 나가는 직장이어서 처음에는 열심히 한다고는 하지만 너무 힘들었어요. 그럴 때일수록 주님을 더 의지했어요. 항상 마음 풀지 않고 열심히 내가 하는 모든 일에 최선을 다했어요……. 동료들과 같이 일하면서도 동료들은 아무래도 세상 사람들이다 보니까 꾀도 많이 부리고 하는데, 저 같은 경우에는 하나님이 보시고 계신다는 의식이 많아요. 그래서 없는 것도 찾아서 하고, 일하는데 부족한 것이 없도록 뒤에서 도움을 많이 주는 편이라고 생각을 하고 지금까지 왔어요. 하여튼 제 생활에 성실하게 살다보니까 하나님의 은혜가 임하지 않았나 생각해요.(2013. 7. 16)

A집사가 변화되어 성실하게 살아가는 것을 지켜보시던 하나님

께서 상으로 새로운 직장을 주어서 생활의 문제를 해결해 주시고, 자녀들의 진로 문제도 인도해 주었다. A집사는 중생과 성화의 삶의 결과로 다른 사람들을 위해서 사랑의 수고와 헌신의 삶을 살아가고 있다. 하나님 백성으로서 성실함으로 최선을 다하는 삶이 동료들에게 모범이 되고 있다. 항상 하나님의 은혜에 감사하며 교회에서도 열심히 봉사하며 살고 있다.

> 아들이 군대에서 제대하고 나서 대학에 가고 싶다고 계속 조르는데 공부를 한 것이 있어야 뭘 어떻게 하던지 하지요. 고등학교 3년 내내 공부를 아예 안했어요. 아예 공부하고는 담 쌓고 살았어요. 공부 자체를 너무너무 싫어라 했어요. 그런데 목사님께서 기도하시고 ○○○대학에 수시 원서를 넣으라고 하셨어요. 그래서 시키는 대로 원서를 넣었어요. 4등급도 들어가기 힘든 곳을 하나님의 은혜로 입학해서 지금 2학년에 다니고 있어요. 정말로 이건 하나님의 기적이에요. (2013. 7. 16)

A집사의 아들은 원래부터 머리 쓰는 것 자체를 싫어하고 공부에는 관심이 없고 오로지 게임에만 관심이 있었다. 그런 아이가 군대를 갔다 오더니 심리적인 충격이 컸던지 대학에 들어가야 한다고 떼를 썼지만, 성적이 워낙 밑바닥이었다. 그래서 게임을 하루에 2시간으로 줄이고 예배마다 참석하고 기도를 열심히 하면 너를 위해서 기도해 주겠다는 약속을 하고 지켜봤더니 약속을 잘

이행했다. A집사의 아들의 소원대로 하나님이 기적을 베풀어주어서 대학에 들어가서 잘 다니고 있어서 아들 때문에 염려했던 문제가 해결되었다.

A집사의 딸은 ○○전문대를 작년에 졸업하면서 사방에 편입 시험을 봤는데, 다 떨어져서 낙심하고 1년을 놀았어요. 딸이 편입하고 싶다고 계속 조르니까 목사님께서 금요 예배 후에 통성기도 때에 응답을 받으시고는 ○○○○대학에 원서를 넣으라고 하셔서 원서를 냈는데, 합격해서 3학년에 다니고 있어요. 하나님은 우리 가정에 은혜를 많이 주셨어요. 지금 저는 받은 은혜가 너무나 크기 때문에 주님의 사랑에 빚진 자의 마음으로 살아가고 있어요. 모든 게 하나님의 은혜로 됐어요. 내가 한 것이 없어요. 하나님께서 은혜 주셔서 날마다 승리하면서 살고 있어요. (2013. 7. 16)

A집사의 딸도 하나님의 전적인 은혜로 지방대학에 편입해서 잘 다니고 있으므로 자녀들로 인한 염려와 걱정을 벗어버렸다. 모든 것이 하나님의 은혜로 되었음을 고백하며 하나님의 영광을 위해서 살아가고 있다.

지금까지 10년이 넘도록 내가 이혼하고 혼자 산다고 친정 부모 형제들이 저를 한 번도 돌아보지 않았어요. 심지어는 20년을 지하실에 살았는데, 내가 집 얻을 돈이 모자라서 엄마한테 좀 도와달라고 했는데, 한 푼도 도와주지 않았어요. 서운하기도

하고 교인들 보기에도 창피했어요. 목사님께서 언니한테 부탁
하라고 하시면서 받을 자격이 있다고 하셔서 저는 사실 언니한
테는 말하고 싶지 않았거든요. 언니가 사실 반포에서 잘 사는
데...... 제가 미스 때에 간호원 생활해서 언니를 많이 도와줬어
요. 그래서 목사님 시키는 대로 언니한테 전화해서 집 얻는데
모자라는 돈을 받아 가지고 지하실에서 벗어나 좋은 집으로 이
사할 수 있게 됐어요. 그러고는 언니도 기분이 나빴던지 연락
을 안 해서 저도 연락을 안 했어요. 친정에서도 연락을 안 해서
몇 년 동안 저도 연락 안 했어요. (2013. 8. 12)

A집사는 믿었던 부모와 형제들로부터 배척을 당했지만, 사람을
바라보지 않고 전능하신 하나님을 바라보므로 시험에 들거나 낙심
하지 않았다. 과거에는 고집대로 행하다가 어려운 일을 많이 당했
다. 이젠 고집을 꺾고 순종했더니, 하나님께서 은혜를 주셔서 20
년간의 지하실 생활을 청산하게 되었다.

올 2월에 제가 직장에 가고 없을 때, 친정에서 갑자기 전화
가 와서 아들이 전화를 받았어요. 친정아버지가 80세인데 대장
암 수술을 해서 퇴원 했는데, 얼마 못살 것 같다고 저를 보고
싶다고 하셨어요. 그래서 목사님께 말씀드렸더니 휴가내서 빨
리 친정에 다녀오라고 하시면서 복음을 전하면 부친이 예수 앞
에 나올 것이라고 하시면서 간증을 잘 하라고 하셨어요. 이혼
에다 밑바닥까지 내려가서 사람대접 받지 못했던 지난 날이 주
마등처럼 지나가면서 희비가 교차되었어요. 이젠 떳떳하게 아
이들 남매 데리고 대전 친정에 다니러 갔어요. (2013. 8. 12)

지금까지 전혀 돌아보지도 않던 A집사의 친정에서 갑자기 전화가 왔다. 80세인 부친이 대장암 수술을 받고 얼마 못 사신다는 의사의 얘기를 듣고 다급하였던지 둘째 딸이 궁금하였던 모양이다. 친정에 안 가본지 10년도 훨씬 넘은 지금 초등학생이었던 아이들이 장성해서 대학생이 된 남매를 데리고 당당하게 친정으로 향했다. 과거에는 이혼에다 밑바닥까지 내려가서 사람대접 받지 못했던 지난 날이 주마등처럼 지나가면서 희비가 교차됐다. 그런데 지금은 하나님의 은혜로 부모형제가 상상도 못할 일이 벌어진 것이다. 복음전도의 막중한 사명과 함께 약간의 부담감을 가지고 친정 나들이 길에 나섰다.

그 동안 ○○○교회 와서 목사님 만나서 말씀과 기도와 회개와 가르침을 통해서 체험했던 하나님의 역사들을 부모 형제들이 모인 자리에서 밤새도록 간증했어요. 안 받아들이면 어쩌나 약간의 염려가 있었어요. 옛날에도 수없이 전도했는데 말이 통하지 않았는데..... 놀라운 것은 제가 변화를 받고나서 간증을 했더니 "당장 교회에 나가자"라고 말씀하셨어요. "너희 교회 목사님 같은 분이 어디 있니" 말씀하시며 내일이 일요일이라며 동네 교회에 같이 가자고 하셨다. 전 그때 아버지 마음이 바뀔까봐 조마조마 했어요. 그런데 아버지가 아침을 드시고 나서 준비하고 가시자고 했더니, 너무 쉽게 따라나서서 그냥 동네 교회 가까운 곳에 가서 예배를 드리고 등록을 하셨어요. 정말로 기적이에요. 우리 아버지가 예수님을 믿는다는 것은 상상을 초월한 일이에요. 그리고 지금 현재 잘 다니시고 있어요.

그렇게 완고하시고 옛날에 저도 언니도 지금까지 전도했는데 말이 안통하고 고집불통이었는데.....정말로 기적이에요. 전 요즘 매주 친정에 전화해서 부모님 안부를 물으면 교회에 대해 말도 하기 전에 아버지가 먼저 나 지금 교회 잘 다니고 있다. 네가 시키는 대로 회개도 하고 있다 하시고 엄마는 네 전화 오도록 눈 빠지게 기다렸다고 하시면서 반색을 하신다. 나 같은 것 아는 척도 안 하시던 부모님의 마음을 움직여서 마지막 남은 여생 정말로 필요한 사람으로 복음을 전하게 하시고 효도할 수 있는 기회를 주신 하나님께 감사와 영광을 돌립니다. 많은 사람들이 성화 지향적 내적 치유를 받고 가치 있는 새로운 삶을 살았으면 하는 바람이 있습니다. (2013. 8. 12)

A집사는 복음에 대한 사명을 가지고 친정에 갔다. 복음을 전하는데 옛날처럼 바늘 틈도 안 들어가면 어쩌나, 염려를 했는데 하나님께 기도로 맡겼다. A집사가 간다고 소식이 갔는지 서울 언니만 빼고 남동생 형제와 여동생네 식구들이 한 자리에 모였다. 저녁을 먹고 이런저런 이야기를 하기 시작해서 본론으로 들어가 ○○○교회에 와서 경험한 하나님의 역사를 밤새도록 간증했다. 온 식구가 졸지도 않고 간증에 귀를 기울이고 정신없이 A집사의 생생한 체험적인 이야기 속으로 빠져 들어갔다. 물 붓듯이 쏟아 부으시는 하나님의 역사를 체험했다. 밤을 새웠는데 전혀 졸리지도 피곤하지도 않고 몸이 오히려 가볍고 기분이 상쾌했다. 하나님께서 A집사를 통해서 친정을 구원하시고자 하신 하나님의 섭리가

이루어진 것이다.

80평생을 불신자로 살아왔는데 하룻밤 사이에 기적이 일어난 것이다. 이제 A집사는 지금까지 하나님께서 베풀어주신 은혜가 너무나 크기 때문에 평생에 복음의 빚 진자로서의 사랑의 수고를 아끼지 아니하고 헌신적인 삶으로 하나님께 영광을 돌리며 천성을 향해 한걸음씩 나아가고 있다. A집사는 많은 사람들이 자신처럼 성화 지향적 내적 치유를 받고 새로운 삶을 살기를 소원한다.

2) B집사의 내적 치유와 중생과 성화 경험 이야기

B집사는 40대 후반의 여성으로 피아노 학원을 운영하기 때문에 평일에는 바쁘지만, 주말에 성가대 봉사 외에는 한가하다. 성가대 봉사 후에 교회에서 자유롭게 만남을 가졌다.

논문을 쓰려고 교회에 막 들어서는데, 목사님 오늘부터 인터뷰하시는 거 어떠세요. 논문 많이 진행되셨나요? B집사는 어떻게 해서라도 연구자에게 도움이 되고자 하는 마음이 고맙고 감사했다.

B집사는 16년 전 사역현장에서 만나서 심각한 우울증을 치료받았다. B집사와의 인연은 특별한 인연이다. 5년 전에 남편의 외도문제로 이혼을 하고 연구자를 찾아와서 연구자의 교회에서 신앙생활을 하게 되었다. B집사는 연구참여자로서 연구자

를 도울 수 있다는 것에 대해 영광으로 생각한다. 이러한 충성스런 성도들이 있기에 연구자는 오늘이 있기까지 항상 은혜주시고 함께 하신 하나님께 감사하며 모든 영광을 하나님께 돌린다. (연구일기, 2013. 4. 27)

⑴ 교회를 옮기게 된 동기: 벼랑 끝에서 소망이 생김

B집사는 어려서부터 부모님의 직장 때문에 잦은 이사로 인하여 여러 교단을 두루 거치며 각 교단의 유사점과 차이점을 많이 경험했다. 교단이 다른 교회들을 옮겨 다니면서 신앙과 신학의 해석 차이로 인한 갈등을 겪으며 신앙생활에 어려움이 많았다. 더구나 결혼하면서부터 배우자와의 관계에서는 항상 갈등 속에서 살았다.

그 때 너무 괴로워서 극심한 우울증으로 자살을 여러 번 시도했었는데, 그 때마다 세 살짜리 아들이 울면서 매달려서 실패로 돌아갔다. 그래서 아파트 가까이 있는 교회로 새벽기도를 나갔다가 연구자가 그 교회 사역 차 갔을 때 그 교회 목사님의 부탁으로 심각한 사람들이 치료 받을 때 함께 치료받고 건강해졌다. 그 후로 모든 것을 정리하고 대전에서 서울로 연구자가 다니는 교회로 옮기게 되었다.

서울에 올라와서 3년을 연구자의 사역 현장에 따라다니면서 자원봉사를 했다. 처음에는 여러 교회들을 다니면서 사역하는 현장에서 연구자를 도와서 봉사를 잘 했다. 그렇게 봉사를 하면서 하나님께서 그 가정에 복을 주셔서 그 남편이 회개하고 돌아오면서 두 사람 사이가 점점 좋아져서 아이들도 딸 셋을 더 낳고 신혼처럼 살았다. 환경의 문이 열려서 생활이 좋아졌다. 그러던 중 남편이 B집사를 유혹해서 연구자를 대적하고 온갖 비방을 일삼다가 하나님의 징계로 연구자와 헤어지게 되었다.

몇 년간 소식이 단절된 상태로 살아가면서 문제가 계속 생기기 시작했다. 큰아들이 날마다 싸움을 하고 아이들을 때리고 상처를 내서 학교에 수없이 불려 다녔다. 나중에는 너무 힘들어서 뉴질랜드로 유학을 보내기도 했었다. 밑에 아이들도 문제를 일으키고 게임에 빠져서 학교에 적응을 잘 못했다. 그런 와중에 남편은 다시 바람을 피우고 집에도 잘 들어오지 않고 생활비도 주지 않았다. 남편과 마주치면 날마다 싸웠다. 남편은 성질나면 아이들을 두들겨 패고 소리를 지르며 행패를 부렸다.

남편의 잦은 외도로 이혼을 하고 벼랑 끝에서 6년 전 연구자를 찾아와서 상담을 받게 되었다. 돈 문제로 아이들도 남편에게 다 빼앗기고 물질을 포기하고 빈손으로 나와서 2년을 친정에서 더부살이를 하게 되었다. 이혼이라는 딱지 때문에 부모형제들이 누가 알게 될까 봐 창피해 하고 눈총을 줘서 더 이상 견딜 수 없었다. 연구자를 찾아와서 상담을 받게 되면서 교회를 옮기게 되었다.

저는 모태신앙으로 서울에서 공무원으로 일하시던 아버지가
2년마다 지방으로 발령을 받아 자주 이사를 해야 했고 가족들
도 그 때마다 새로운 교회를 정해 적응하느라 고생을 해야 했
어요. 장로교단에서 성결교 그리고 순복음교회까지 다양한 교
회를 거치며, 대학교 땐 선교단체 생활을 하면서 교단간의 차
이점과 유사점을 경험하고 성령세례와 은사 그리고 내적 치유
등을 다양하게 경험했어요. 그런데도 신앙생활에 별로 도움이
되지 못했어요. 거기에서 오는 해석의 차이와 이해의 갈등을
많이 겪었어요. (2013. 4. 27)

B집사는 어려서 잦은 이사로 여러 교단들을 옮겨 다니면서 각 교
단들의 교리적인 차이에서 오는 성경을 이해하는 문제들로 신앙의
갈등을 많이 겪었다. 대학 동아리에서 선교단체(예수전도단) 프로
그램에 참여해서 내적 치유도 받았었지만, 별 도움이 되지 못했다.

부모님 밑에서 별 어려움 없이 생활하다가 결혼 후 배우자와
갈등을 많이 겪었어요. 남편의 잦은 해외출장, 외박, 도박, 대화
단절을 거치며 주일 성수도 하지 못하는 상황에서 3살과 4살
두 아들을 키우며 우울증과 무력감으로 삶에 대한 소망이 끊어
졌어요. 낭시 IMF로 회사에서 급여가 지급되지 못하고 궁핍한
가운데 남편은 무리한 대출로 아파트 투기를 하다가 가정생활
이 파탄지경에 놓이게 되었어요. (2013. 4. 27)

B집사는 모태신앙으로 어려서부터 교회 안에서만 생활했다. 남
편은 정반대로 교회는 다니지만 믿음이 전혀 없었다. B집사는 그

렇다고 남편을 변화시킬만한 믿음이 없었다. 두 사람은 살아온 환경이 너무도 달랐기 때문에 서로를 이해할 수 없었다. 결국 두 사람은 의사소통의 문제로 남편은 아내에게 실망한 나머지 도박과 외도로 가정을 돌아보지 않았고, B집사는 남편의 무관심과 대화단절로 인해 우울증과 무력감으로 삶의 목적과 의미를 잃고 침체에 빠져버렸다. 더구나 어려운 상황에서 무리하게 대출을 받아서 부동산 투기를 하게 되면서 결혼생활은 점점 악화되어 파탄지경에 이르게 되었다.

그 때 정말 혼자 힘으로는 도저히 감당할 수 없는 상황에서 죽기만 바라고 자살을 여러 번 시도했어요. 그 때마다 3살짜리 아들이 울면서 매달려서 아파트 12층에서 떨어지려고 했는데 안 죽고 살았어요. 절망한 시기에 하나님은 돕는 손길을 보내주시고 우리 가정을 다시 회복시킬 기회를 주셨어요. 기도할 용기조차 없었을 때 목사님을 만났어요. 모든 문제가 하나님 앞에서 바로 서지 못했던 나에게 있었음을 직시하게 하셨고, 내 안에 쌓인 죄악들을 올바로 깨닫게 되었어요. 앞이 캄캄하고 막막했지만 회개함으로 문제가 하나씩 해결되어 가기 시작했어요. 그 때 정말 남편을 죽이고 싶을 정도로 미워했어요. 지금에 와서 생각하니 끔찍하네요. 모든 것이 하나님의 은혜예요. 그리고 그 땐 살길이 목사님만 따라가면 된다는 생각 외에는 아무 생각도 안했어요. 그래서 부랴부랴 정리하고 목사님 사시는 부천에 올라왔어요. (2013. 4. 27)

B집사는 감당할 수 없는 상황에서 좌절감에 빠지면서 극심한 우울증을 앓게 되었다. 남편을 죽도록 미워하게 되면서 점점 절망의 나락으로 떨어지게 되었다. 죽음을 선택하고 여러 차례 자살을 시도했었다. 그 때마다 3살짜리 아들이 울면서 매달려서 실패로 돌아갔다. 아들로 인해서 새벽기도를 시작한 계기로 기도생활을 하게 되었다. 하나님의 인도로 연구자가 B집사가 다니는 교회에 사역 차 갔을 때 만나서 치료받고 건강해졌다. 성령의 역사를 체험하면서 하나님 앞에서 자신을 비춰볼 수 있게 되면서 죄의 심각성을 깨닫고 회개하면서 자신과의 문제, 남편과의 문제가 해결되기 시작했다. 그 후에 영적인 삶을 위해서 남편의 반대에도 불구하고 용기를 내어 모든 것을 정리하고 연구자가 사는 부천으로 올라오게 되었다.

> 부천에 올라와서 처음에는 고생을 많이 했는데 목사님 따라다니면서 열심히 봉사했어요. 문제가 없고 살만하니까 제가 정신을 못 차려서 하나님 편에 서지 못하고 남편과 한편이 되어서 목사님을 무시하고 대적했어요. 그러면서 하나님으로부터 징계를 받고 목사님과 헤어지게 됐어요. (2013. 5. 11)

B집사는 대전에서 무작정 연구자가 사는 부천으로 이사를 왔다. 부천에 올라와서 연구자가 사역하는 교회마다 따라다니면서 열심

히 봉사를 했다. 처음에는 순수한 마음으로 열심히 봉사하고 힘든 수고도 기쁨과 감사로 감당했다. 그러나 시간이 지나면서 봉사가 변질되기 시작했고, 믿음 없는 남편과 한편이 되어서 연구자를 무시하고, 태도가 바뀌면서 믿음이 차츰 식어갔다. 결국 하나님께서 연구자와 헤어지게 하시고 각자의 길을 가게 하였다.

목사님과 헤어져서 서울에 가서 살게 됐어요. 남편이 돈을 벌어서 여의도 아파트 2채를 사서 살고 있었어요. 이혼하기 몇 달 전 이었어요. 외국에서 선교사님이 오셨어요. 그 때 남편이 돈을 잘 벌고 사업을 하니까 교구 목사님께서 남편보고 선교사님 대접하라고 해서 대접을 맡아서 하게 됐어요. 대접을 받고 선교사님이 우리 가정을 위해서 기도해 주셨어요. 남편이 바람을 피우는 것을 알려주셨어요, 그 땐 정말 믿겨지지 않았어요. 시간이 흐르면서 남편이 실제로 바람피우는 것을 제 눈으로 확인했어요. 제가 잘 아는 사람이었어요. 남편은 집에도 들어오지 않았어요. 마침 집에 왔는데 한마디 했더니 저를 정신병자로 몰아서 정신병원에 입원시키려고 해서 집을 나와서 기도원으로 피신해 갔어요. 친정에서 아버지와 남동생이 데리러 와서 친정에 있으면서 이혼 소송을 하게 됐어요. 이혼 소송 중에도 정신병자로 몰아서 제가 한림대 병원에 가서 검사를 받고 상담도 했어요. 그런데 검사결과 정상이고 다른 사람을 잘 믿고, 남의 말 잘 듣는 것이 단점이라고 했어요. 진단서를 법원에 제출했어요. 어쨌든 이혼이 된 게 감사해요. 안 그랬으면 절 아마 정신병원에 집어넣고 바보 만들었을 거예요. (2013. 5. 11)

B집사 남편이 사업하면서 물질이 많아지니까 옛날처럼 외도를 하게 되어 가정에 풍파가 일어났으며, 남편이 바람을 피운다는 것을 남들이 다 알고 있는데 믿겨지지 않았지만 사실로 밝혀지면서 B집사는 적지 않은 충격을 받았다. 용납이 되지 않고 너무 괴로워서 말을 꺼냈다가 날벼락이 떨어진 것이다. 정신병자로 몰아서 정신병원에 집어넣으려고 작당을 벌이는 것을 알게 되었다. 다급한 나머지 기도원으로 피신하게 되었고, 그 사실을 안 친정에서 찾아와서 친정에 들어가서 살게 되었다. 친정 부모님과 상의해서 이혼을 결정하고 이혼소송을 하게 되었다.

친정에서 생활을 하는데 처음에는 별 문제가 되지 않았어요. 그런데 교회 문제가 제일 힘들었어요. 친정에 와서 부모님이 다니시는 교회를 따로따로 나갔어요. 저는 저대로 부모님과 다른 시간에 가서 예배를 드렸어요. 제가 친정에 있으면서 아이들이 주말에 외가로 엄마보고 싶어서 왔어요. 처음에는 안 그랬는데 나중에는 외가에 온 아이들에게 눈총을 주고 구박을 하곤 해서 아이들이 눈치를 보면서 그 다음부터는 오지 않겠다고 해서 아이들도 마음내로 만날 수 없었어요. 시간이 흐를수록 부모님이 싫어해서 더 이상 있을 수가 없어서 목사님을 수소문해서 찾아뵙고 상담했어요. 이혼 소송을 했는데 쉽게 해결되지 않았어요. 부모님도 지겨워했어요. 소송이 질질 끌어서 눈치가 보여서 집나가겠다고 부모님께 말씀드렸더니 좋아하시는 눈치였어요. 그래서 친정에서 나와서 ○○○교회로 오게 됐어요. (2013. 5. 11)

　B집사는 남편과의 문제로 친정에 피신해 있으면서 이혼 소송을 하게 되었다. 처음에는 친정에서의 생활이 별 문제가 되지 않았다. 그러나 친정부모는 시간이 지나면서 내외만 조용하게 살던 집이 아이들이 와서 시끄럽게 하고, 사방에 쓰레기를 버리고 지저분하게 하는 것을 따라다니면서 치우는 것도 귀찮고, 이웃들 보기에도 창피하고 더구나 교인들이 혹시라도 알게 될까봐 아이들에게 싫은 내색을 적나라하게 하셨다. 눈치를 본 아이들이 그 다음부터는 다시 오지 않았다. 뿐만 아니라 이혼이 결정되면 아이들 4남매가 외가에서 떠맡게 될까 겁이 나서 딸도 싫어했다. B집사는 어쩔 수 없이 친정을 나오게 되었으며, 빈손으로 연구자를 찾아오게 되면서 교회를 옮기게 되었다.

(2) 새 출발 : 갈등과 위기에서 벗어남

　교회 전체가 도와서 살림을 마련하고 직장을 구해서 새로운 인생을 시작하게 된 B집사는 1년 6개월이라는 이혼소송 과정을 겪으면서 철저하게 자신의 모습을 발견하게 되었으며, 하나님 앞에서 새로운 삶을 살 수 있는 계기가 되었다. 훈련과 연단을 통해서 지난 날의 잘못을 날마다 회개하며 삶의 태도를 바꾸고 열심히 살려고 노력했다. 때로는 아이들이 보고 싶어도 잘 참고 견디며 하나님의 약속을 바라며 소망 가운데 나아갔다. 옛 습관으로 인해 남편

이 용서가 안 되어 쓰러지기도 하고 넘어지기도 하면서·다시 일어
서고 언젠가는 아이들을 데려올 수 있다는 소망을 가지고 참고 인
내하면서 하나님의 때를 기다렸다.

전 성도들이 따뜻한 배려와 도움으로 새 출발을 할 수 있었
어요. 교회에서 오히려 육신의 부모형제보다도 잘 보살펴 주었
어요. 그래서 힘을 얻고 소망을 가지고 열심히 살게 됐어요. 친
정에서 벗어나니 마음이 한결 가볍고 살 것 같았어요. 아이들
생각하면 보고 싶고 마음이 아파서 자꾸 눈물이 났지만, 목사
님께서 먼저 아이들이 돌아오고 나중에 남편도 돌아오게 될 것
이라고 말씀하셔서 소망이 생겼어요.
지난 날의 잘못을 날마다 회개하며 교만해서 정신 차리지 못
하고 믿음도 없는 남편하고 한편이 돼서 주의 종을 욕하고 무
시했던 것들을 철저하게 회개하며 삶의 태도를 바꾸고 열심히
살려고 노력하고 있어요. 특히 배우자와의 이혼소송 과정을 겪
으며 철저히 나 자신의 모습을 깨닫고 그동안 내 안에 조금이
나마 스스로를 의롭다고 여기던 작은 생각조차도 얼마나 큰 죄
가 된다는 것을 절실히 깨닫게 되었어요. 남을 용서하지 않으
면 용서받지 못한다는 것을 훈련받으면서 철저하게 깨닫게 되
었어요. (2013. 6. 15)

B집사는 전 교인의 따뜻한 사랑과 배려 속에서 지난 날의 잘못
을 회개하며, 모든 것을 내려놓고 새로운 마음으로 다시 시작했다.
오랫동안 몸에 배여 있는 잘못된 습관과 하나님에 대한 잘못된 지
식들에 대해 훈련을 통해 고쳐나갔다. 엄마로서 아이들 보고 싶고

만나고 싶은 마음이 변하여 하나님 바라보며 약속의 말씀 붙잡고 잘 참고 인내했다. 이혼소송기간을 통해서 철저한 회개생활을 하여 자신을 돌아보게 되었다. 남을 용서하지 않는 마음과 자신을 의롭게 여기는 교만한 마음, 잘못된 습관과 태도들을 보면서 하나님 앞에서 자신이 죄인임을 깨닫게 되므로 하나님을 두려워하게 되었으며, 그 모든 삶의 태도를 고쳐나갔다.

> 지긋지긋한 이혼소송이 1년 6개월 만에 판결이 났어요. 당시 경제능력이 없다는 이유로 자녀양육권을 상실하고 강제로 정신병원에 압송하려는 배우자를 피해 가출한 저에게 이혼 책임을 물어 위자료 한 푼 없이 빈손으로 홀로 남게 되었어요. 교회의 도움으로 방을 얻고 대형마트 계산원으로 일하던 중에 목사님께서 작년 5월에 남편을 찾아가라는 응답을 받으시고 저랑 같이 남편 아파트로 찾아 갔어요. 저는 맞아 죽을까봐 겁이 나서 가슴조이고 있는데 목사님께서 남편을 설득하고 회유하셨어요. 남편이 처음에는 당신이 뭔데 하고 소리를 버럭 지르더니 이내 잠잠해지고 꺾였어요. 그러고는 순순히 해 주겠다고 했어요. 정말로 기적이에요. 돈에 인색한 남편이 목사님과 면담 후에 바로 양육조건으로 전세금과 학원 인수 대금을 지불해 주었고, 현재 아파트 단지 내 상가에서 피아노 학원을 운영하며 아이들이 소원하던 데로 함께 살게 되었어요. 이혼 후에 정서적으로 많은 상처를 입고 낙심하던 아이들이 ○○○교회에 출석하면서 목사님을 통해 치유 받으며 학교에서도 모범적이고 칭찬 받는 학생으로 잘 적응하고 있어요. 모든 영광을 주님께 돌립니다.(2013. 6. 15)

전 교인이 하나님께 날마다 부르짖고 기도하면서 아이들을 데려올 수 있는 길을 열어 주셨다. 작년 8월 하나님께서 기도로 준비하고 B집사를 데리고 남편을 찾아가서 담판을 짓고 오라는 응답을 받고 연구자와 함께 나섰던 B집사는 결국 영적 싸움에서 승리했다. 그리고 아이들 데려오는 조건으로 집 문제도 해결 받고 학원을 차려달라는 조건도 내세워 받아내는데 성공했다. 단돈 천원에도 벌벌 떠는 사람인데, 하나님을 의지하고 만군의 여호와의 이름으로 나갔더니 하나님께서 이기게 하였다.

작년 9월에 하나님이 응답하신 대로 아이들 4남매가 돌아왔고 학원도 운영하고 있다. 아이들도 우울증과 대인기피증으로 결석을 밥 먹듯이 하고 폐인처럼 살았는데, 이제는 치료받고 건강하게 학교생활에 적응을 잘 하고 있다. 신앙생활도 잘하고 공부도 열심히 하고 있다. 이런 과정들을 겪으면서 B집사는 점점 성화되어 가면서 하나님을 신뢰하는 담대한 믿음으로 성장하게 되었다.

(3) 중생체험: 변화된 삶

B집사는 부모의 잘못된 신앙과 하나님에 대한 잘못된 지식을 그대로 답습하며 믿기만 하면 모든 죄를 다 용서 받고 천국은 당연히 가는 것으로 알고 살았다. 회개는 이미 오래 전에 회개했기 때문에 이미 용서 받았고 깨끗해졌기 때문에 죄와 상관이 없다고 생각하

면서 죄의식 없이 살았다. 그런데 연구자를 만나서 성화 지향적 내적 치유를 받으면서 지금까지 알아왔던 모든 것이 깨뜨려지기 시작했고, 하나님에 대한 잘못된 지식과 잘못된 신앙으로 살아 왔다는 것을 뼈저리게 느끼게 되었다.

삶의 태도를 바꾸고 옛 습관을 고치며 말씀대로 순종하는 삶을 살아가려고 자신을 날마다 죽도록 쳐서 복종시키는 연습을 하면서 조금씩 변화되어 가고 있다. 적극적인 변화는 이혼소송 기간에 자신의 모습을 보게 되었다. 태어나서 처음해보는 대형마트 계산원을 하면서 터지고 깨지는 일들을 수없이 경험하며, 자신이 다른 사람들보다 더 나은 것이 없다는 것을 깨닫게 되었고, 자신이 부족하다는 것을 알아가기 시작했다.

지금까지 살아오면서 잘못된 예배 습관과 부모로부터 배운 하나님에 대한 잘못된 지식 그리고 스스로 의식 없이 범하는 크고 작은 죄악들에 대해 알지도 못했고 깨닫지도 못했어요. 어디에서도 근본적으로 치유하거나 고칠 수도 없었어요. 날마다 부딪히는 문제들에 대해 어떻게 해결해야 하는지 조차도 몰랐어요. 그냥 무조건 기도하고 원래 그렇게 사는 건 줄 알았어요.

목사님을 만나서 훈련받으면서 말씀을 실생활에 적용해서 살아가는 법을 배우고 회개가 얼마나 중요한지 알게 됐어요. 전에는 뭐가 잘못인지 어떻게 신앙생활을 하는 것이 올바른지 전혀 몰랐어요. 그냥 잘 믿는다고 생각하고 스스로 의롭게 여기면서 다른 사람들 무시하면서도 죄의식도 전혀 없었어요. 그런

데 지금은 중생의 체험과 끊임없는 성화의 과정을 통해서 경건
의 삶이 생활화 되어 있어서 두렵고 떨림으로 날마다 하나님께
가까이 나아가려고 열심히 말씀대로 순종하면서 살려고 하고,
부족하지만 노력하고 있어요. (2013. 6. 15)

B집사는 기도와 성경공부 그리고 상담을 통해 죄에 대한 심각성
을 깨닫게 되면서, 하나님 앞에서 자신의 연약함을 발견하고 하나
님의 도우심을 구하는 자로 살아가게 되었다. 이러한 훈련을 통해
점점 성화되어서 하나님을 알아가는 가운데 이전과 달리 하나님을
경외하며 악에서 떠난 자로 살아가려고 노력했다. 회개의 중요성
을 깨닫고 열심히 회개하며 회개에 합당한 열매 맺는 삶을 위해 열
심히 힘쓰고 있다. 중생의 체험과 성화의 삶을 통해서 경건의 삶이
생활화 되어 점점 하나님께 가까이 나아가려고 열심히 순종하는
자로 살고 있다.

로마서와 길라디아서 말씀을 근거로 회개하는 법을 가르쳐
주시고 수시로 상담을 통해 문제의 근원이 무엇인지를 설명해
주셨어요. 때로는 죄로 인한 고통과 피해 그리고 십자가의 고
통…… 죄에 대한 결과 등 이런 것들을 인식하며 철저한 회개와
결단을 촉구하셨습니다. 의지가 나약한 저에게는 너무나 긴 시
간이 필요했지만 순종하기까지 사랑으로 기다려 주시고 부모님
의 심정으로 포기하지 않으시고 오늘까지 한결같이 기도하시고
참아주셨습니다. 목사님을 통해 하나님의 사랑을 깨닫고 감사하

며 한 생명을 위한 헌신과 생명을 다하는 희생과 수고를 생각할
때마다 진심으로 주님께 찬송을 드리게 됩니다. (2013. 7.13)

B집사는 다른 사람들보다 의지가 약하고 마음이 연약해서 결단
력이 부족해서, 해결 받는데 다른 사람들보다 많은 시간이 걸렸다.
한 영혼을 위해서 자신도 알지 못하는 습관적인 죄들을 깨달을 수
있도록 날마다 가르치고 충고와 권면을 하며, 인식이 되고 깨달아
질 때까지 가르치기를 수 없이 했다. 상담을 통해서 성령께서 놀랍
도록 역사하시는 체험을 통하여, 내재된 죄와 숨겨진 문제들을 해
결 받고 영적인 눈이 뜨이기 시작했다.

너무 오랜 시간 끌어서 너무 죄송한데, 목사님 모습 뵈면서
우리는 어떻게 저렇게 살 수 있을까 항상 그러면서 고집부리고
고치지 못했던 것들, 우리 죄로 인해서 대신 해산 치루시면
서……. 아 나도 이렇게 해야 할 텐데 항상 의존하는 모습으로
내심 의지하면서 나대신 항상 해 주길 바랐는데, 더 이상 이건
아니다 죄송했었어요. 내가 할 수 있는 분량은 내 몫은 내가 해
야겠다고 하면서 아직도 제대로 못하고 있어요. (2013. 7. 13)

처음 몇 년 동안은 아무리 훈련을 하고 가르쳐도 순종하는 것이
쉬운 일이 아니다. B집사로서는 고집도 꺾어야 하고 내 마음 내 뜻
대로 할 수 있는 것이 없고 매사에 하나님 뜻대로 해야 하는 것이

너무 힘들어서 무조건 주의 종이 다 해주길 바랐는데, 자신의 잘못으로 주의 종이 대신해서 죽도록 고생하는 것을 여러 번 경험하면서 생각을 고쳐먹었다. 이젠 더 이상 의존적인 어린아이 신앙에서 벗어나 자신이 감당해야 할 몫을 감당하려고 노력했다.

제일 처음으로 변화됐던 거는 우울증이 심했을 때 저 스스로에 대해서 너무나 자존감이 낮았고 나는 정말 무가치한 사람으로만 여겨졌었는데....... 목사님이 수고하시는 과정을 통해서 수시로 전화 드리고 시도 때도 없이 전화를 하면 어떤 때는 잠도 못 주무시고........ 절대로 화내시는 법 없고, 얘기를 처음부터 끝까지 들어주시면서 처방을 위해서 항상 기도하시고 응답해 주시는 걸 보면서 내가 하나님 앞에서 이렇게 존귀한 사람인가 하는 걸 처음 알면서 이제 목사님이 말씀해 주신 것이 자신을 사랑하라고....... 하나님께서 그렇게 귀하게 보시는 사람이라는 걸 그때 처음 알았어요. 그러면서 이제 나에 대해서 하나님이 이런 대가를 치르시면서 한 사람을 세우신다는 거. 목사님이 이런 희생을 하나님이 원하면서까지 한 사람, 한 사람 세우신다는 거에 대해서 처음으로 알게 됐고, 다른 사람에 대해서 나도 이런 사랑을 실천해야 된다는 거. 그걸 느꼈어요. 그 이후로부터 사람을 대힐 때 이기적인 모습을 내가 하나씩 깨야 된다는 것을 객관적으로 볼 수 있게 됐고, 노력을 하고 있지만 아직은 다는 못 했는데, 다른 사람들이 오히려 놀랄 정도로...... 십년 만에 본 친척이 쟤 많이 변했다. 옛날에 쟤 저러지 않았는데 할 정도로 남들이 그렇게 말해 주는 걸 보고 저도 깜짝 놀랐어요. (2013. 7. 13)

상담에서 격려는 용기를 주고 자신감과 유능감을 고취시키는 말이나 행동이기 때문에, 우선 내담자의 자존감을 회복시키는데 효과적이고, 침체감이나 무력감 상태에 있는 우울증을 보이는 경우에 잘 적용될 수가 있다.[219] B집사는 상담에서 격려를 통해 점점 변화된 삶의 과정이 바뀌면서 자기 자신에 대한 사고가 달라지고 자신감도 갖게 되었다. 하나님의 사랑을 체험하면서 삶의 태도도 바뀌고 이웃 중심의 삶을 살 수 있는 마음의 여유가 생겨서 세상을 객관적인 눈으로 볼 수 있게 되었다. 자신의 변화된 모습이 다른 사람을 통해 확인을 받음으로 확신을 가지고 더 열심히 노력해 나갔다.

> 예전에는 애들에 대해서 제가 너무나 다그치고 내 욕심대로 안돼서 막 조급해 하고 남들과 비교해 하고 열등감 갖고 이랬던 걸……예전보다는 많이 내려놓게 되고. 애 모습 스스로 그리고 애가 타고난 성품이나 뭐 능력에 대해서 따지거나 이러지 않고, 하나님이 주신 고유의 애 모습을 좋은 쪽으로 볼려 하고 장점을 보려고 하니까 그전보다 느긋해지고 인정해 줄 수 있는 여유가 생긴 거 같아요. (2013. 7. 13)

---

219) 양유성, "리더십의 핵심 요소로서의 격려,"「복음과 신학」제8권 제1호 (2005), 52.

B집사는 자신이 변화 되면서 아이들을 대하는 태도가 몰라볼 정도로 달라졌다. 과거에는 아이들을 비교하고 다그치던 습관들이 사라지고 아이들을 대하는 태도에 느긋함이 있고, 부정적인 감정들이 긍정적인 사고로 바뀌게 되었다. B집사가 바뀌면서 아이들도 바뀌기 시작했다. 점진적인 성화의 과정을 통해 거룩한 삶으로 열매를 맺으며, 이웃사랑을 실천하며 감사로 하나님께 영광 돌리는 삶으로 변화되어갔다.

(4) 성화의 삶: 하나님의 영광이 드러남

1997년에 처음 만났을 때 죽음의 문턱에서 만났던 그 모습은 전혀 찾아볼 수 없다. 이 모든 것이 하나님의 은혜였다. 새 사람이 되어서 새로운 인생을 살고 있는 B집사는 지금은 비록 남편과는 헤어졌지만, 아이들과 함께 주님이 주시는 평강과 기쁨을 누리며 행복하게 살아가고 있다. 아이들을 통해서도 하나님은 기적의 역사가 나타남으로 하나님의 영광이 드러나고 있다.

이제 B집사는 과거에 불행했던 삶을 돌아보면서 현재 하나님께서 베풀어주신 은혜에 감사하며 헌신과 봉사의 삶을 살고 있다. 성화의 삶의 열매로 하나님은 B집사 가정에 놀라운 복을 주셨다.

그동안 외면했던 부모형제가 찾아와서 할 말을 잃었다. 연구소에 다니는 막내 동생이 너무나 신기해서 조카들을 둘러보고, 살고 있는 집에도 가보고, 피아노 학원에도 가서 확인하고 적지 않은 충격을 받았다. B집사 남동생은 연구자에게 하나님의 은혜가 참 놀랍다고 하면서 하나님은 정말로 살아계신다고 하면서 우리 누이를 잘 보살펴 주셔서 감사하다는 인사를 했다. 그러면서 한편으로는 부끄러워했다.

인생은 어리석고 미련해서 한치 앞을 보지 못하고 눈앞에 보이는 이익에 눈이 멀어서 자식도 외면하고 버렸지만, 하나님은 결코 버리지 아니하시는 놀라운 사랑을 보여주셨다.

애 아빠랑 이혼하면서 애들이 많이 마음이 닫혀서 사람들 보기 싫어하고 사람들끼리 모여서 웅성거리면 자기들 욕하는 거 같다고 그래서 아예 바깥출입을 못할 정도로 힘들어 했어요. 특히 첫째 딸은 6학년 때 1년을 휴학을 하고 집에서 게임만 하고 친구 없이 혼자 외톨이로 지냈던 애였는데..... 목사님을 만나서 상담을 받고나서부터 밝아지면서....... 전학하고 나서 이제 새로운 학교에 새로운 환경에 적응하는데, 오히려 선생님들조차 애를 칭찬하고 수업태도가 너무 좋고 친구들과도 잘 지낸다고 그리고 이전보다 더 엄마를 배려해요. 이전보다 더 엄마를 배려하고 자기처럼 어려운 상황에 있는 친구들을 보면서 너무너무 마음으로 그 아이들을 대하는 생각이 깊어진 게 너무 감사하고요. 그리고 하나님에 대해서 예전보다 각별하고, 자기 앞으로 진로에 대해서도 목사님께 구체적으로 상담을 하고 자기 모습을 다시 되돌아보면서 더 적극적이고 진지한 모습으로 하나님 앞에 가까이 다가서는 일들이 생겨서 너무너무 감사했어요. (2013. 8. 12)

아이들이 부모의 이혼으로 인한 상처로 정상적인 생활을 할 수 없었는데, 전학을 하고 상담을 통해서 계속 치유 받으면서 마음의 상처가 급속도로 회복되었다. 특별히 큰 딸은 학교에도 못 다닐 정도로 심각하게 정서적인 장애를 겪었었다. 하나님의 은혜로 치유 받고 지금은 학교생활에도 적응을 잘할 뿐만 아니라 모범적인 아이로 칭찬받고 있다. 이전보다도 엄마를 생각하는 마음이 깊어졌고, 자기처럼 어려운 처지에 놓인 친구들을 가슴 아파하며 잘 보살펴주는 아이가 되었다. 이젠 신앙생활도 잘하고 학교생활에서도 자신감을 가지고 살아가고 있다.

> 둘째 아들 ○○도 이혼 소송 1년 6개월 끌면서 애가 수시로 지각하고 결석해서 겨우 졸업할 정도로 중학생활을 힘들게 지내왔어요. 그런데 ○○○교회 와서 기도훈련과 상담을 받으면서 지금은 자기가 스스로 알아서 기도하는 게 몸에 배도록 됐고요. 새로운 학교에 새로운 환경에 적응도 잘하고 친구관계도 좋다고 담임 선생님이 칭찬하셨어요. 가정에서도 엄마를 배려하고 자기처럼 어려운 처지에 있는 아이들을 대하는 생각이 깊어진 게 너무 감사하고요. 그리고 하나님에 내해서 예전보다 각별하고, 앞으로 자기 진로에 대해서도 목사님께 구체적으로 상담을 하고 자기 모습을 되돌아보면서 더 적극적이고 진지한 모습으로 하나님 앞에 나아가는 일들이 생겨서 너무너무 감사했어요. (2013. 8. 12)

B집사가 하나님 앞에서 변화된 삶을 살아가게 되면서 자녀들이 변화되기 시작했다. 하나님과의 관계회복을 통해서 여러 가지 문제들을 해결해 주었다. 결국 부모의 문제로 아이들이 상처받고 문제를 일으켰지만, 아이도 엄마의 신앙에 따라 쉽게 변화되는 것을 보면서 부모의 역할이 얼마나 중요한가를 잘 보여주고 있다. 엄마 속을 끓이고 밤새워서 하던 게임도 하나님께서 끊게 하였고, 학교도 지각과 결석을 수시로 하고 학교가기 싫어하던 나쁜 습관을 고치게 해 주었다. 뿐만 아니라 공부도 적극적으로 열심히 해서 성적이 향상되고 자신감이 생기면서 학교 가는 것을 좋아하고 공부를 잘하는 아이로 변화되었다.

(5) 사랑의 실천: 주님을 본받는 삶

오랜 기간 거듭된 훈련을 통해서 죄인임을 깨닫게 되기까지는 정말로 많은 시간이 걸렸다. 그래도 하나님의 기적을 경험하며 하나님의 인도하심으로 시련과 고난 그리고 시시때때로 혹독하게 불어닥치는 환란들을 끝까지 참고 인내할 수 있었다. 하나님의 은혜로 광야의 훈련을 통해 죽음의 요단강을 무사히 건너서 하나님이 주시는 축복의 가나안에 들어가게 되었다. 아직은 고난이 끝나지는 않았지만, 이젠 어떠한 환란이나 시련도 감당할 수 있는 성숙한 신앙인이 되었다. 이 세상은 천국이 아니기 때문에 자신에게 남은

고난을 채우며 주님을 바라보고 최후 승리를 위해서 전진해 나가
고 있다.

혹독한 시련이 오고 환란이 불어 닥칠 때에도 목사님은 성경
말씀을 근거로 상담해 주시고 기도를 통해 문제해결을 하셨습
니다. 때로는 연약함으로 죄를 지을 수도 있지만, 이전처럼 죄
에 머무르거나 자포자기하는 상황으로 가기보다 서둘러 돌이키
고 회개하며 하나님 앞에 두려움으로 나아가려고 노력하고 있
어요. 그런 과정들을 경험하면서 하나님은 살아계셔서 지금도
우리와 함께 하심을 느끼며, 두려움과 감사함으로 나갈 때마다
응답하시고 역사하시는 우리의 주인 되심을 알게 되었어요. 이
제는 어떤 환란도 두렵지 않습니다. (2013. 8. 12)

많은 시련과 환란을 통해 하나님이 살아계심을 경험하므로 이전
처럼 자포자기하기보다는 먼저 자신을 돌아보고 즉시 돌이키고 회
개함으로 하나님께 점점 가까이 나가게 되었다. 훈련과 연단의 과
정들은 B집사로 하여금 하나님을 경외하는 신앙으로 만들었고 담
대함으로 주님의 주권적 섭리에 순종하는 사람으로 만들어 갔다.

지금까지 수많은 목사님들을 만났고 내적 치유 프로그램에
참여해 봤지만, 전인치유는 생각할 수도 없었고 일시적인 현상
으로 뭐가 좀 되는 것 같고 보이는 것 같았지만, 결국 아무것도
아니라는 것을 깨닫고 많이 실망도 했었어요. 16년 전 목사님
을 만남으로 비로소 진정한 내적 치유가 무엇인지 알게 되었어

요. 그래서 목사님을 만나기 위해서 온갖 노력을 다 했어요. 그 길이 온전한 치유를 받는 길임을 알고 있었어요. 전인치유는 단기간에 해결되는 것이 아니기 때문에 교회에서 목사님들이 한 영혼을 위해서 사랑하는 마음으로 인내하며, 예수님처럼 자신을 내어주는 사랑의 실천만이 진정한 치유가 일어나며 열매 맺게 된다는 것을 목사님을 통해서 알게 되었어요. 저는 그 사랑을 받고 복된 삶을 살고 있어요. 이제 저도 남을 위해 살며 사랑을 받은 자답게 사랑을 실천하며 살아가려고 날마다 다짐하며 노력하고 있습니다. (2013. 8. 12)

과거에는 불순종이 체질화 되어서 죄에 대한 경각심도 없었고 하나님을 진정으로 알지 못함으로 죄 가운데 살면서 죄를 물 먹듯이 먹고 마시며 살았다. 모든 신자는 일상적인 삶 속에서 성령의 열매를 맺어야 하고, 성령의 열매는 신자가 하나님과 함께 거하며 성령님께 자신을 쳐서 복종시킴으로 개발되어져야 한다.[220] B집사는 오랜 기간 기도와 말씀 그리고 상담을 통해서 중생을 경험하고 끊임없이 자기 자신을 부인하며 자기를 쳐서 복종시키는 과정을 거치면서 경건의 삶이 생활화 되었다. B집사는 하나님의 사랑을 입은 자로서 다른 사람에게 주님의 사랑을 실천하므로 성령의 열매를 맺고 있다.

---

220) 이광희, "축복 개념을 통해 본 교회성장과 성령사역: 교회성장학파의 성령론 평가,"「신학과 문화」(1996), 500.

2. 사역자의 내적 치유와 중생과 성화 경험 이야기

1) C사역자의 내적 치유와 중생과 성화 경험 이야기

C사역자는 대학 때 선교단체에서 사역을 했던 교인 집사의 소개로 만났던 자매가 자신보다는 예수전도단에서 전문적인 사역을 하고 있는 사람이 낫겠다고 해서 자매의 소개로 함께 만났다. C사역자는 연구자를 만나기도 전에 자매를 통해서 연구자의 이야기를 듣고 연구참여자로 봉사하게 됨을 감사하게 생각하고 연구자를 기쁨으로 도와주겠다고 했다. 연구자가 찾아가서 도움을 요청해야 하는 처지인데, 오히려 참여자 쪽에서 자진해서 도와주겠다고 발 벗고 나섰다. 사람을 통해서 역사하시는 하나님의 도우심의 손길을 다시 한 번 느끼며 감사함으로 참여자를 만날 수 있었다. 자매가 먼저 주선하고 전화해서 쉽게 만남이 이루어졌다. 처음 만났는데도 서로가 낯설지 않고 이미 오래전부터 알고 지낸 사람처럼 편안했다.

막내아들 전학으로 정신없다가 논문을 써야 한다는 생각에 정신이 번쩍 났다. 다급한 마음에 광고를 했다. 집사님 한 분이 당장 알아봐 주겠다고 하면서 대학 때 선교단체에서 사역할 때 가르쳤던 후배 동생이 있으니 부탁하면 도와줄 거라고 했다.

제발 잘되기를 바라는 마음으로 기도했다. 집사님의 소개로 생각지도 않게 너무 쉽게 만남이 이루어졌다. 만나서 연구 논문에 대해 설명을 했더니 도와주겠다던 자매가 자신은 현재 사역을 하지 않고 있다면서 대학 때 함께 사역한 친구가 20년째 사역을 하고 있다고 했다. 그리고 그 친구에게 연구자 이야기를 하면서 부탁을 했더니 연구자를 열심히 도와주겠다고 했다는 것이다. 사방에서 돕는 손길을 통해 연구자가 논문을 쓸 수 있도록 도와주시는 여호와이레가 되신 하나님께 감사했다. 앞으로의 만남에서 같은 길을 가는 사역자로서 서로에게 도움이 되길 기대하면서 오늘도 하나님의 도우심을 간구한다. (연구일기, 2013. 4. 30)

C사역자는 39살의 미혼 남성으로 잡지사에서 공연기획자로 일하면서 퇴근 후에는 대학에 가서 기독교 동아리에서 내적 치유 프로그램을 진행하며 열정적으로 사역을 하고 있다. 유치원 때 원장님이 외국 사람이 온다고 해서 너무너무 궁금하여 어머니를 졸라 동네에 있는 침례교회에 처음으로 한 번 나가게 되었다. 그로부터 얼마 후 어머니와 형제에게 교회에 나가라는 꿈에서 동일한 하나님의 음성을 듣고 교회에 계속 나가게 되어 33년째 신앙생활을 하고 있다. 초등학교 4학년 때 부모님의 이혼이라는 쓰라린 경험을 하고 방황했지만, 말씀 중심의 좋은 지도자를 만남으로 극복이 되었다. 부모님의 이혼으로 인한 상처로 힘들어할 때 집 가까운 동네에 있는 개척교회 철야예배에 참석했다가 하나님께서 은혜를 주셔

서 밤새도록 눈물로 회개하는 체험을 했다.

6학년 겨울방학 때 예수전도단 수련회에서 방언을 받고나서 더 깊이 있는 신앙을 가지게 되었다. 사춘기를 거치면서 생각의 폭이 넓어질 때, 예수전도단에 있는 간사들과 선후배간의 관계를 가지면서 신앙이 삶의 기준이 되었다. 고등학교 때 중고등부 학생회장으로 있을 때 선교단체와 한국교회와의 분쟁으로 예수전도단이 이단으로 정죄당할 때 신앙의 극심한 위기와 갈등을 겪게 되었다.

대학교 4학년 때 교수들과 선배목사들로 인해 많은 상처를 받고 한 때 신앙에 대해 회의에 빠져 방황하고 갈등을 했지만, 예수전도단의 정직하고 바른 신앙관으로 인해 위로를 얻고 회복하여 정직하고 신실한 사역자로서의 길을 가게 되었다. 이러한 모든 환란과 연단의 과정은 C사역자로 하여금 중생과 성화의 과정을 통과하게 했으며 하나님 앞에서 온전한 그리스도인으로 살아가게 하였다. 중학교와 고등학교 과정과 그리고 대학을 거치면서 청년기와 장년기에 이르기까지 연단을 통해 하나님의 말씀 중심의 습관이 삶의 기준이 되었다.

C사역자는 항상 모든 일에 열정이 있고 매사에 기쁨이 넘친다. 말씀에 대한 깊은 묵상과 끊임없는 연구를 통해 자신의 사역분야에서 하나님의 살아계심의 역사와 경건의 능력이 나타나고 있다. 하나님께 대한 열심이 사역현장에서 많은 신실한 사역자들을 배출

하여 하나님께 영광 돌리고 있다. 영혼 구원에 대한 열정으로 치유 사역과 직장생활을 병행하면서도 지칠 줄 모르는 타고난 사역자로서 사명을 다하고 있다.

(1) 선교단체에 가게 된 동기: 사역자로서 준비 과정

C사역자는 초등학교 6학년 때 부모님을 통해서 선교단체에 처음 가게 되었지만, 중학생이 되면서 자신이 스스로 선교단체와 교회생활을 병행하는 것을 스스로 결정하게 되었다. 유치원 때 처음 나갔던 교회를 지금까지 섬기고 있다. 신앙생활을 하면서 기존교회에서 갖추지 못한 부분들이 많았지만, 선교단체의 시스템이 자신의 성향과 잘 맞아서 선교단체와 교회를 병행하게 되었다. 초등학교 6학년 때부터 선교단체의 매주 화요모임에 참석해서 성경공부를 했다. 중고등학교 때는 공연이나 스포츠 그리고 전도여행과 선교활동을 열심히 했다. 군 복무를 마친 후에는 신학공부를 하면서 선교단체 DTS사역자로서의 준비를 철저하게 하게 되었다.

우리 집안에 말씀의 씨앗은 제가 유치원 때 원장님께서 미국 사람 온다고 해서 어머니를 졸라서 처음으로 동네 교회에 한 번 갔어요. 그러고 얼마 후에 아버지가 지방에 출장 가셨던 날 천둥번개 심하게 쳤어요. 어머니와 제가 무서워서 이불을 뒤집 어쓰고 웅크리고 있다가 어느새 잠이 들었는데, 둘이서 꿈을 꾸었어요. 꿈속에서 하나님의 동일한 음성을 들었어요. 그 때부

터 교회에 나가게 됐어요.

초등학교 4학년 때 본 교회까지 갈 수 없어서 집 앞 개척교회에 가서 철야기도를 드린 적이 있어요. 그 때 철야기도회를 통하여 그 어린 나이에 눈물이 나고 너무나 마음이 아파서 밤새도록 회개를 한 적이 있어요. 어린 나이에 특별한 체험을 하게 됐어요.

예수전도단에는 일단은 부모님을 통해서 소개를 받아 처음 갔지만, 가장 중요한 계기는 기존교회에서 갖추지 못한 부분을 많이 갖추고 있어서........ 시스템 부분도 그렇고 신앙적으로 말씀, 찬양, 여러 가지 프로그램들 거기서 중학교 1학년에서 2학년 가면서 스스로 결정했어요. 프로그램은 초등학교 6학년 때부터 화요모임에 매주 나가게 되었고. 수련회가 있어요. 방학 때마다 참석했어요. 6학년 겨울 방학 수련회에 참석했다가 방언을 받았어요. 중학교에 들어가면서 사춘기를 경험하면서 생각의 폭이 넓어졌어요. 그 때부터 깊이 있는 신앙이 하게 됐어요. 중학교 3학년 때부터 예수전도단에 킹스 키즈 코리아(King's Kids Korea)라는 조직이 있어요. 조직에서 합숙훈련을 통해 하나님과 이웃을 사랑하는 마음 그리고 자신을 사랑하는 것을 배웠어요. 청소년들 사역인데, 공연이나 스포츠나 도움을 통해서 선교를 하는 단체거든요. 거기서 중고등학교 때부터 전도 여행을 시작하고........ 고을 갔다 와서 DTS 교육을 받고나서 활동을 하게 됐죠. (2013. 5. 7)

C사역자는 어린 나이에 꿈속에서 하나님의 음성을 듣고 예수님을 믿게 되었고, 밤새도록 눈물로 회개한 것과 방언은사를 받는 등 하나님의 특별한 은혜를 경험한 체험적인 신앙을 갖고 있다. 어릴 적 부모님을 따라 예수전도단에 들어갔다가 기존 교회에서 갖추지

못한 다양한 프로그램과 여러 가지 활동을 경험하게 되었다. 예수
전도단에서의 다양한 경험들이 사역자의 길을 갈 수 있는 기초를
마련해 주었다.

사실 기성교회에서 채워주지 못하는 부분이 많이 있었어요.
상담을 하고 면담을 해도 목사님 권위고 전도사 권위이기 때문
에 무조건 해라. 근데 제가 해외를 자주 다니고 외국 친구들을
자주 만나고 그러다 보니까 그런 말이 씨알도 안 먹히는 거 같
아요. 해외 있는 친구나 목사님들을 현지에서 상담을 많이 하고
국내에 계신 ○○○목사님이나 베네딕트 선교사님이 그 때 제
멘토였는데, 상담을 많이 하면서 실질적인 것을 많이 알려주셨
어요. 실질적으로 신앙에 적용할 수 있는 것을 많이 알려주셨어
요. 예를 들어서 이런 거지요. 가장 중요한 것은 어떤 경험, 자
기의 기도응답 보다는 가장 중요한 것은 말씀이기 때문에 1부터
10까지 말씀 안에서 얘기를 했었죠. 내가 어떤 환상을 봤는데,
이런 것도 많이 쓰기는 하지만, 하나님에 대해서 얘기하고 길을
제시하고 할 때도 그런 걸 전혀 얘기하지 않고 말씀 안에서 풀
어주셨어요. 그렇기 때문에 그런 것들을 인정하고 그런 훈련을
받았죠. 말씀을 인정하는 훈련을 받았죠. (2013. 5. 7)

C사역자는 그 당시 하나님의 뜻도 모르고 무조건 믿으면 천국
간다는 식의 기존 교회에서의 강요당하는 신앙생활이 싫었다. 기
존 교회에서의 목회자들의 권위주의와 무능함으로 인해 상처를 많
이 받았다. 그러나 예수전도단에서는 기존 교회에서 경험하지 못
한 사역자들의 말씀에 근거한 상담은 삶을 적용하는데 실질적으로

많은 도움이 되었다. 이러한 과정들을 통한 좋은 경험들은 그에게 힘이 되었고, 철저한 훈련을 통해 말씀 중심의 사역자로 거듭나게 되는 계기가 되었다.

(2) 광야의 훈련: 신앙의 위기와 갈등 경험

C사역자는 40여년의 인생을 살아오면서 크게 세 번의 영적 위기와 갈등을 겪었다. 첫째로, 초등학교 4학년 어린 나이에 부모님의 결혼의 비밀을 처음으로 알게 되면서 어린 마음에 많은 상처를 받았다. 상처로 인한 분노는 부모님을 용서하지 못함으로 한 때 방황하며 심리적인 갈등을 많이 경험했다.

둘째로, 중고등학교 시절 예수전도단이 이단에 휘말려 심한 갈등과 고통을 겪었다. 그 때 다니고 있는 교회에서 학생부 회장을 맡고 있는데, 학생부 회장이 이단에 소속되어 있다고 하면서, 또래 친구들이 비난과 비방을 해서 너무나 고통스러웠다. 그 때는 신앙을 포기할 수도 없고, 그렇다고 무작정 당하기에는 너무 힘들어서 인간관계에서 갈등이 생겨서 문제가 되기도 했다.

셋째로, 신학생 시절에 교수들과 선배 목사님들의 경건하지 못하고 본이 되지 못한 삶으로 인해 적지 않은 상처와 충격을 받고 한 학기를 남기고 신학을 그만두게 되었다. 이러한 신앙의 위기와 갈등을 예수전도단에서의 말씀 중심의 훈련과 훌륭한 지도자들의

사랑의 수고와 헌신은 한 영혼이 성령으로 거듭나서 하나님의 말
씀에 붙잡혀서 살아가게 하는데 중요한 역할을 했다.

본의 아니게 생겼던 문제들이 좀 있어요. 뭐냐 하면 저는 쉽
게 얘기해서 이제 지금은 괜찮으니까. 말씀을 드리지만, 육적
문제와 영적인 문제들이 있어요. 부모님이 이혼을 하셨어요. 제
가 어릴 때, 초등학교 4학년 때........근데 이제 그런 부분들이 제
가 인생이 비뚤어질 수 있는 많은 기회들을 제공했죠. 그러나
신앙이 저를 다잡아 줬고, 말씀이 다잡아 줬고........ 제가 그 때
그러면서 사실 어머님이..... 드라마에 나오는 첩의 자식이죠. 아
버님이 재력이 좀 있으셨죠.
제가 말씀 안에 서 있지 않았다면 그래도 신앙 안에 있었죠.
저는 삐뚤어져 있었을 거예요. 한 때는 방황을 했죠. 방황했지
만, 그래도 신앙 안에 있었어요. 그래도 말씀으로 이끌어주는
목자가 있었고, 말씀으로 잡아 주는 목자가 있었죠. 인간적으로
훈계하지 않았어요. 절대로. 그렇기 때문에 제가 하나님의 말씀
이기 때문에 순종을 했지. 예를 들어서 ○○○총재님이나 베네
딕트 선교사님이 인간적으로 훈계를 하고 "내가 너 기도하니까
이렇더라." 했으면 훈련 안 받았을 거예요. 성경을 딱 펴 놓고
앞뒤가 맞는 말씀을 해 주었기 때문에 저는 "주의 말씀이 내발
에 등이요. 내 길에 빛이니이다"가 저는 삶으로 와 닿았어요.
(2013. 5. 14)

C사역자는 부모님으로 인한 상처로 분노가 내재되어 부모님을
용서할 수 없는 상태로 발전하게 되어 한 때 방황과 갈등을 많이
했다. 그러나 예수전도단의 지도자들의 인간적인 훈계나 책망보다

는 따뜻한 사랑이 C가 받은 상처와 분노를 치유 받고 부모님을 용서할 수 있게 했다. 항상 말씀으로 이끌어주고 붙잡아 주는 목자를 통해 C사역자는 하나님의 말씀이 그를 인도하는 빛이 되는 삶을 살 수 있었다.

> 제가 교회에서 중고등학교 학생부 회장을 맡고 있을 때였어요. 예수전도단을 우리나라 교계에서 이단이라고 정죄했어요. 그렇게 서로 싸우는 바람에 그런 문제로 성도들에게 까지 문제가 생겼어요. 고래 싸움에 새우등 터지는 격이죠. 부가적으로는 제가 학생회 회장이었는데, 교회에서 사람들이 "야 쟤가 학생회장인데 이단에 나간다." 전 그렇다고 신앙을 포기할 수 없고.........저도 약간의 트러블이 생기죠. (2013. 5. 14)

오래전에 기독교계와 선교센터와의 갈등이 생겼을 때 선교단체가 한 때 이단으로 정죄되면서 애꿎은 성도들이 피해를 보게 되었는데, 그 중의 한 사람이 C사역자였다.

교회에서 학생회장을 맡았던 그는 감수성이 민감한 청소년기에 같은 또래 친구들과 교인들로부터 상처와 충격을 받게 되었다. 그때 받은 충격으로 신앙의 위기를 경험했지만, 그 일로 인해 많은 것을 배우게 되었다. 철저한 말씀 중심의 신앙은 C사역자로 하여금 좌절과 낙심에 빠지지 않고, 점점 더 하나님께 가까이 나아가는 계기가 되었다.

개인적으로 문제가 발생했을 때 기도를 해야 되겠지요. 일단은 가장 중요한 것은 저도 예수전도단에 있으면서 하나님의 음성을 듣고, 환상을 보고, 통변도 제가 하고, 하지만 문제는 그게 중요한 것 같지 않아요. 가장 중요한 거는 하나님께서 말씀하시는 게 무엇인지 알아야 되는데, 그것은 하나님의 마음과 생각을 담은 거는 성경이거든요. 성경을 벗어나서 기도할 때 받는 느낌. 기도할 때 보는 이미지들이 저는 중요하게 생각하지 않았어요. 성경 안에서 답을 찾았고 성경에서 하라는 대로 했어요. 예를 들어 목사님이 내 뜻이 아니라고 할지라도 목사님이 저를 구원시킬 수 없어요. 하나님이 저를 구원시켜 주었기 때문에 말씀에 근거한 신앙을 하려고 했어요. 그게 저는 가장 중요한 포인트였다고 생각해요. (2013. 5. 14)

C사역자는 항상 자신에게 문제가 생기면 인간적인 방법으로 해결하기보다는 문제의 해결사가 되시는 하나님께 먼저 기도하는 하나님 중심의 신앙을 가지고 있다. 하나님께서 다양한 은사들을 주셨지만, 은사보다는 모든 일에 말씀중심의 삶을 살아가는 참된 신앙인의 삶으로 본을 보이고 있다.

영적으로는 신학을 할 때 문제가 좀 있었어요. 목사님들이......... 교수님들이지요. 지금도 TV에 나오시고 활동하시는 분들이죠. 저는 ○○신학대학교를 나왔어요. 거기서 저는 4학년 2학기 때 신학이 문제가 있어서 졸업을 하지 않았어요. 이런 부분이죠. 목사의 자녀들, 목사들, 교수들 그거 너무 많이 봤어요. 어느 정도냐 하면 제가 군에 갔다 왔을 땐데, 친한 친구여자가 참 예쁘게 생겼었는데, 그 교수님은 본처와 자식이 서울에 있었어요. 근데 학교가 ○○이다 보니까 거기에 아파트가 하나 있었어요, 그런데 그 여학생한테 너 아파트에 들어와서 살아라. 그런 얘기도 제가 듣게 되고.........선배들 목회자들은 지금은 50대 중반정도 되신 선배들이죠. 그분들의 신앙의 모습을 보고 제가 회의를 많이 가졌어요. 그러면서 저는 예수전도단을 통해 적어도 여기는 돈 갖고 사람 갖고 장난치진 않는다. 그렇게 힘들었던 게 있었어요. (2013. 5. 14)

C사역자는 신학을 하는 과정에서 성직자들이 사회적으로 본이 되지 못한 행동들로 인해 한 학기를 남겨둔 채 학교를 그만두게 되었다. 한 때 그들로 인해 신앙에 회의가 오고 영적인 침체에 빠져서 힘든 시간을 보내기도 했었다. 그래도 예수전도단에서 만큼은 최소한의 비리도 없고 물질에서도 정직하게 운영되어지고 말씀중심에 서 있었기 때문에 위로가 되고 힘이 되었다. 아무리 성직자라 할지라도 하나님 앞에서 변화 받지 못하면 죄에 끌려 다닐 수밖에 없고, 죄 기운데 살아길 수밖에 없다는 것을 그 때는 이해할 수가 없었다. 그러니 신앙이 짐짐 성숙해시면서 이 모든 것이 하나님의 은혜로 되는 것임을 알기 때문에 날마다 자신을 돌아보고 경건의 삶을 위해 자기 자신을 연단하는 삶을 살아가고자 노력한다.[221]

내적 치유를 받으면서 괜찮다고 묻어왔던 것들을 말씀으로 끄집어내는 거죠. 그러나 기존의 교회에서는 디테일하게 다루지 않았기 때문에 개인의 문제가 알고 보니까 가정의 문제고 가정의 문제가 우리 교회의 문제고 종교계 문제였다는 것을 깨닫게 되었죠. 그러면서 체험을 많이 했죠. 용서할 수 없었던 제 안에 분노들도 표출이 되고 하나님께서 목사님을 통해서 하시는 방언을 제가 통변을 하게 돼서 그 뜻을 다 알아 들었고 그러면서 부모님에 대해서 용서할 수밖에 없었죠. 그게 어려운 과정이었지만 부모님을 용서하게 되면서 제 스스로의 소중함과 존귀함을 알게 되었죠. 그러다보니까 아까 얘기했던 것처럼 밭갈이가 되다 보니까 그 때부터 말씀이 들어오더라고요. 신학교에서 공부했던 그런 말씀이 아니고 이젠 정말 삶으로 들어오는 말씀이었죠. 그 당시 당장에는 100%가 해결되지 않았지만, 밭갈이가 된 밭에 씨를 뿌리고 싹을 틔우기 위해서 그 씨앗이 그 말씀이 삶으로 적용되기 까지 얼마나 힘든 과정이었겠어요. 그렇게 10년이 지나서 20년이 지나고 보니까 그게 이제야 나타나는 것 같아요. 10년이 지나고 성인되고 그러면서 내적 치유 했던 것들은 2주나 3주 했다고 변화하지는 않지만 변하는 계기는 제공하는 거죠. 그 다음부터 본인이 얼마나 말씀에 집중하고 그 뜻을 아느냐에 따라서 삶이 좌지우지 되죠. (2013. 8. 12)

C사역자는 내적 치유를 받고 삶의 변화에 대해서 이야기를 했다. 내적 치유를 통해 자신이 괜찮다고 덮어버렸던 것들이 드러나게 되므로 치유를 받는 경험을 하고 용서하지 못했던 사람을 용서할 수 있게 되었다. 치유 후에 마음 밭을 갈아엎었기 때문에 이전과는 달리 말씀이 들어오기 시작하면서 삶의 습관을 바꾸는 계기

가 되었다. 그렇다고 당장 바뀌는 것은 아니지만 계기를 제공해 주었다. 그 때부터 열심히 말씀대로 순종하려고 노력하게 되었다. 이러한 말씀에 집중하는 노력을 통해서 많은 시간이 걸렸지만 그러한 것들이 쌓여서 결국 성화의 삶을 살게 되었다.

(3) 중생체험: 삶의 근본적인 변화

군 제대 후 예수전도단에서 DTS 훈련을 통한 삶의 근본적인 문제가 바뀌게 되었다. 모든 일에 말씀에 근거하지 않는 어떤 것도 신뢰하지 않으며, 말씀 중심으로 살아가려고 항상 힘쓰고 애쓰며 살아가고 있다. C사역자는 수 십 년간의 훈련과 연단을 통해 그리스도 안에서 새 생명을 얻은 새 사람으로서 경건의 삶으로 모범을 보이고 있다.

군 전역 후에 DTS 훈련을 통하여 말씀, 섬김, 문화, 힐링, 선교 등을 통해서 삶의 근본적인 것이 변화된 것 같아요. 그러면서 중학교, 고등학교, 대학교, 청년, 장년의 시절까지 걸어온 것 같아요.
말씀의 기준을 가진 것들이 일반 기도원이나 선교단체들이 약간 샤머니즘적인 그런 체험을 굉장히 강요하는데, 그러나 예수전도단에서는 말씀에 근거하지 않는 것은 맞지 않다고 판단하기 때문에 무엇 하나라도 말씀에 근거해야 되는 게 옳은 것 같아요. 예를 들어서 기도했더니 느낌이 이렇다. 내가 뭘 봤다. 이런 거는 거의 신뢰하지 않아요. 말씀의 기반으로 풀어 나가요. 사람들이 흔히 예수 무당이다 그러잖아요. 그런 것들은 저희는 많이 조심해요. 저도 그래서 그런 부분들을 항상 조심하고 있어요. 말씀에 근거하지 않는 응답이나, 인생의 방향이나 결정, 이런 것들에 대해서는 굉장히 경계를 하고 저도 조심하고 노력하고 있죠. (2013. 5. 28)

군 제대 후에 DTS 훈련을 통해 삶의 근본이 변화되었다. 일반적으로 기도원이나 다른 선교단체에서는 샤머니즘적인 체험을 강조하지만, C사역자는 예수전도단에서의 철저한 훈련이 말씀중심의 사역자로 살게 되는 기초를 마련하게 되었다.

저는 어려서부터 예수전도단에서 많은 간사들과 선후배들과 인연 맺어주고 인적 인프라가 굉장히 잘 쌓아져 있었어요. 선후배들이 항상 잡아주고 끌어주고 고민이 있을 때 상담할 수 있고 그래서 내적 치유나 이런 경험이 있었지만, 그런 것들은 일시적인 계기일 뿐이고……그러한 것들이 기본으로 잘되어 있기 때문에 함께 일했던 친구들이 사회에 나가서 저처럼 공연기획자도 있고, 음악 프로듀서도 있고, 국제변호사도 있고, 선교사도 많이 있어요. 이 사람들이 계속 끈끈하게 이어지다보니까 이게 삶 자체가 신앙으로 유지될 수 있는 하나님께서 관계를 주신 것이 힘이 되더라고요. 저희는 신앙에서 극단적인 자세를 취하지 않아요. 처음부터 기반이 잘 되어 있어요. 저는 어려서부터 체험적인 신앙인데………체험의 신앙이란 말씀 안에서만 가능하다고 생각해요 저의 삶에서는 하나님의 말씀을 떼어놓고는 생각할 수 없어요. (2013. 5. 28)

예수전도단에서의 많은 사람들과의 관계형성을 통해 인적 인프라가 잘 구축되어서 신앙 성장에 큰 도움이 되었다. 함께 훈련받았던 친구들이 사회 각 분야에서 성공적인 삶을 살고 있고, 그들이 삶의 현장에서 활동을 하면서 서로에게 도움을 주고 있다.

(4) 성화를 위한 훈련과 연단

C사역자는 내적 치유 프로그램에서 3개월간 하나님 알아가기, 이웃 알아가기, 자신 알아가기의 프로그램의 진행을 거치면서 순차적으로 찬양과 말씀 그리고 기도와 고백의 시간을 통해서 치유로 연결이 되었다. 이러한 치유의 과정을 통과하면서 남을 탓하기보다는 자기 자신을 보고 타인을 인정하는 마음을 갖게 되었고, 용서하는 단계로 나아가게 되었다. 내적 치유 후부터는 남에게 상처를 주는 사람으로 살지 않기 위해서 많은 노력을 기울였다. 무엇보다 성경이 말하는 하나님의 뜻이 무엇인지 알기 위해 열심히 힘쓰는 자로 살게 되었다.

내적 치유 프로그램을 통해 당장에는 중생과 성화의 삶으로 갈 수는 없지만, 끊임없는 훈련의 연속적인 과정(5-10년)을 통해서 하나님의 뜻을 알아가게 되면서 말씀에 대한 실천이 이루어지는 것을 체험하게 되었다. 즉 가장 큰 변화는 경건의 생활이 이웃사랑 실천으로 이어지게 되었다. C사역자는 항상 패역한 이스라엘 백성들이 시대마다 보내주신 선지자들을 죽이고 그것도 모자라 예수를 죽인 그들의 모습을 볼 때마다 자신을 하나님 앞에서 철저하게 쳐서 복종시킨다. 뿐만 아니라 자기를 겸손히 낮추고 자신을 돌아보며 회개하는 삶을 살아가고 있다

> 사춘기 시절에는 신앙이 너무 어려서 위기와 갈등이 오면 나의 감정과 생각이 파고들어가서 너무 힘들었어요. 나에게 초점을 두니까 내가 아프고 내가 힘들었는데……. 그래서 회복하기까지 많은 시간이 걸렸죠. 그러나 어린아이 신앙에서 벗어나서 청년이 되고 성인이 되어서는 문제가 되지 않았어요. 말씀 안에 해결책이 다 있기 때문에 말씀을 묵상하다보면 하나님의 뜻을 알게 되요. 물론 힘들 때 하나님의 위로 받기 원하지만, 성경에는 책망하는 것도 많이 나오잖아요. 20대 초반까지는 힘들었어요. 그 때 이후로는 어린아이 신앙이 아니기 때문에 직설적으로 책망을 해도 달게 받을 수 있기 때문에 문제가 되지 않아요. 나의 입장에서 생각할 때는 힘들어지지만, 주인의 입장에서 생각하면 아무것도 아니에요. 하나님을 아는 지식이 있으면 힘든 것도 그냥 어렵지 않아요. 나를 막 쥐 흔들고 그런 것은 없어요. 추수가 끝나면 주인이 상을 주잖아요. 그 상을 바라보면 아무런 문제가 되지 않아요. (2013. 6. 11)

C사역자는 내적 치유를 받은 후에도 어릴 적에는 위기와 갈등이 오면 연약해서 하나님을 바라보기보다는 자신의 감정에 이끌리는 자기중심적인 신앙에서 벗어나지 못하므로 갈등과 고통을 많이 겪었다. 이러한 신앙은 청년기를 거치면서 점점 갈등의 폭이 줄어들

었다. 성인이 되어서는 자기중심에서 벗어나서 하나님 중심의 삶을 살아가므로 문제가 생겨도 문제보다 크신 하나님을 바라볼 수 있는 말씀 중심의 신앙을 소유하게 되었다. C사역자는 겸손하게 주인 되신 하나님 앞에서 살아가므로 어떤 상황에서도 흔들리지 않는 견고한 신앙으로 서게 되었다.

> 마음을 한번 갈았기 때문에 말씀이 들어오니까 노력을 하게 되죠. 이런 것들이에요. 사람이 항상 이렇게 성장만 하지는 않잖아요. 항상 떨어졌다 올랐다 하는데 시간이 지나니까 조금씩 기복의 폭이 작아지더라고요. 그러면서 올라가더라고요. 그래가지고 보니까 어려움이 올 때가 있지요. 예전보다 더 큰 상처를 받을 때도 있었어요. 그게 제 삶을 흔들지는 않아요. 갈아진 심령 속에 말씀이 들어가 있으니까 더 큰 상처와 더 큰 어려움이 있었음에도 불구하고 이것을 말씀으로 스스로 돌보게 되더라고요. (2013. 6. 11)

C사역자는 내적 치유를 받고나서 말씀이 마음에 깨달아지니까 말씀대로 살아가려고 열심히 노력했다. 끊임없는 성장을 위해서 노력하는 과정에서 오랜 기간 쓰러지고 넘어지는 일들을 수 없이 반복하는 과정에서도 점점 횟수가 줄어들기 시작하면서 신앙이 자라기 시작했다. 말씀에 대한 철저한 훈련을 통한 말씀중심의 신앙은 어떠한 상처나 어려움도 말씀의 능력으로 문제를 뛰어넘고 극복할 수 있게 되었다.

하나님을 바라보지 않고 살아간다면....... 신앙을 포기하면 더 좋은 직장과 더 예쁘고 조건이 좋은 여자 친구를 만날 수 있어요. 그렇지만 그게 아니잖아요. 그리고 예를 들면 산에 오른다고 생각했을 때 옆에 있는 나뭇가지나 칡넝쿨들이 내 얼굴에 상처를 내고 그러기는 하지만, 정상에 오르는 데 막을 만큼 문제가 되지 않아요. 마치 지나가는 바람처럼 그런 것들이 나의 길을 막을 만큼 주저 하게 하지 못해요. 말씀을 깊이 묵상하면 나를 향하신 주인의 마음을 알게 되면 그런 것들이 방해해도 못 오를 정도는 아니라고 생각해요. (2013. 6. 11)

(5) 사역자로서의 헌신

C사역자는 내적 치유 후 많은 과정과 만남의 교육을 통해 현재 성화의 삶을 살아가고 있으며, 성화의 삶의 결과로 다른 사람을 위하여 헌신적으로 사역을 감당하고 있다. 그는 직장과 사역을 병행하면서도 지칠 줄 모르고 영혼구원을 위해 헌신하고 있으며, 현재 많은 대학과 교회에서 프로그램과 세미나를 진행하면서 하늘나라를 확장하는 일에 충성하고 있다. C사역자는 무엇보다도 현재 선교센터에서 행해지는 내적 치유에 대한 문제점에 대해서도 누구보다도 잘 알고 있다. 그러므로 문제점들을 보완해서 철저하게 성경 중심의 사역을 하고 있다. 이러한 사역을 통해 사람들이 말씀중심에 온전히 설 수 있도록 근본적인 치유를 위해 열심히 성경을 연구하고 배우는 자로서, 또 이웃 사랑을 실천하는 자로서, 헌신적인 삶을 살아가고 있다.

현재 우리나라 내적 치유의 가장 큰 문제는 말씀의 부재라고 생각해요. 제가 감히 말씀을 드리는 것은 선교센터도 그렇고 교회도 마찬가지라고 생각해요. 말씀에 근거해서 이끌어가야 하는데 말씀에 근거하지 않는 기복신앙으로 성경적인 깊이 없이 점쟁이처럼 신끼를 가지고 전문적인 교육을 받지 않고 진행하는 프로그램도 목회도 위험하다고 생각해요. 그럼에도 불구하고 말씀 안에 자기의 생각과 자기의 입장이 들어가기 때문에 이러한 것들이 틀어지고 그러면서 점점 하나님의 생각이 아닌 사단의 씨가 들어가는 거지요. 그래서 저는 그런 거 같아요. 이 세계는 두 가지 존재 밖에 없어요. 하나님 영과 사단의 존재 밖에 없다. 중간은 없다. 그러면 쉽게 이야기해서 내가 예수를 믿노라 하더라도 나는 어디 소속이냐 그거죠. 내 마음에 하나님의 말씀이 없다면 선교를 하고 내가 많은 사람을 가르친다 해도 내 생각과 사상이 들어가게 되면 그 때부터 저는 신학생이고 목사고 선교사지만, 육적으로는 소속은 그렇게 될지 모르지만, 영적으로는 그게 아니라고 생각해요. 결국은 말씀의 부재, 자기욕심, 이권 이런 거지요. 호세아서처럼 무지하기 때문에 그런 거지요. 말씀의 부재니까 목사님이 뭐하라고 하면 무조건 따라하고 건축헌금해라 하면 무조건 내는 거. 저는 그러한 신앙인들의 무지함과 무식함이 이런 사태를 가져왔다고 생각해요. (2013. 8. 12)

마지막으로 정리하는 의미에서 전체적으로 이야기를 부탁했다. 한국교회와 선교단체의 문제점에 대해 이야기했다. C사역자는 누구보다도 내적 치유에 대한 장단점을 잘 알고 있다. 특별히 선교센터나 교회들이 지도자로서 신학적인 교육을 철저하게 교육을 받은 자들이 사명감을 가지고 말씀 중심에 서서 사역을 감당해야 한다.

그런데 말씀의 부재로 인한 문제들로 인해 영혼을 살려야 할 선교 센터나 교회들이 오히려 영혼을 병들게 한다는 것에 안타까워하고 있다. 그러므로 C사역자는 철저하게 말씀 중심에서 사역을 감당하며 살아가고 있다.

> 직장과 사역을 함께 병행하면서 사역을 하는 것 자체가 힘들지만, 사역을 하는 이유는 세상을 하나님께 돌리기 위해서 그렇게 생각을 하고 있는데......... 세상나라가 하나님의 나라가 될 때가 분명이 있는데, 그 일을 하나님께서 허락하신 숨이 붙어 있는 순간까지는 언젠지는 모르지만 저만이 아니라 모든 신앙인들의 사명이 아닌가 생각해요. 저는 저 혼자만 이러고 있다고는 생각하지는 않고.......... 말씀드렸지만 대학생들 모임도 있고, 그냥 학생들 모임도 있고, 조그만 교회 같은 경우에는 프로그램도 몇 달 단위로 진행해주고 있고, 여러 가지를 해요. 세상 사람들은 직장 다니기도 힘든데, 뭐하나만 하기도 힘든데, 언제 그거 하나? 약간 안쓰럽게 보시는 분들도 계시는데............ 아직까지 일이 끝나지 않았는데, 품삯을 달라고 하면 악한 종이 잖아요. 일이 끝나지 않았는데 쉬겠다하는 종은 쫓겨나야 되는 종이거든요. 그러기 때문에 열심히 사역을 하는 것을 마땅하다고 생각해요. 목사님이나 강도사님이나 전도사님들한테 언제까지 하시겠습니까하면 하나님께서 허락하실 때까지 한다고 그러실 거 아닙니까. 목사나 전도사, 강도사, 이런 분들만 사명 자가 아니라 예수님을 믿는 사람들 모두가 동일하게 사명자로 부르셨기에 자기 처한 처소에 맞게 사역을 해야 하는 사역자라고 생각해요. 저도 같이 사역하는 모두가 하나님께서 사명을 거두실 때 까지 꾸준히 하는 것이라고 생각해요. (2013. 8. 12)

모세가 잠시 세상에서 누리는 영광보다 하늘나라에 대한 소망을 가지고 상을 바라보고 하나님 백성과 함께 고난 받는 길을 선택했던 것처럼(히 11:24-26), C사역자도 직장과 사역을 병행하면서도 어느 것 하나 소홀히 하지 않고 맡은 일에 최선을 다하는 공연기획자로, 사명자로서 상 주시는 하나님을 바라보고 현재의 모든 고난을 마땅히 여기며 열심히 살아가고 있다. C사역자는 주께서 재림하시는 그날을 바라보며 생명 다하는 그날까지 주를 위해 온전히 헌신되어진 사명자로서 살아가고 있다.

> 구체적으로 앞으로 계획은 지금 인프라가 많이 커졌어요. 그래가지고 지금 올해 8월말이나 9월 초쯤에 서울 경기 지역에 저희와 같이 하는 청년들이 2천명 돼요. 이번에 같이 수련회를 진행하고. 1500명 정도 진행을 휴가를 내서 같이 했었는데.........이런 것들을 점점 확대를 해서 이런 사람들이 세상에서 힘을 좀 발휘할 수 있도록 저희가 가족 기반을 마련해주고, 이런 모임을 만들어주고, 그러면서 저희와 같은 삶을 살 수 있도록 이 친구들한테 계속 답습을 해 주는 거죠. 아까 말씀드린 것처럼 자녀를 낳아도 저하고 같이 사역하는 사람들의 자녀와 함께 이런 모임을 만들어 가게 할 것이고......... 이런 청년들과 학생들도 진행되면 그 친구들도 성장을 하게 될 것이고. 말씀 안에서 하나님 뜻을 깨닫게 되면 강요하지 않아도 그렇게 살게 되거든요. 저는 하나님께서 사명 거두시는 그 날까지 이 일을 위해서 살 겁니다. (2013. 8. 12)

은사의 목적이 구원을 확증하기 위해 하나님으로부터 오는 것이라는 관점에서 교회의 지체로서 하나님 나라가 확장되는 일을 통해 하나님께 영광 돌리는, 하나님을 위한 사람의 봉사라는 관점으로 전환되어야 한다는 것이다.[222] C사역자는 군 제대 후 DTS 훈련을 받고 사역현장에서 팀 사역을 시작해서 지금까지 수고한 결실로 자기와 같은 말씀 중심의 사역자들을 2,000여명을 배출했다. 자신뿐만 아니라 함께한 사역자들의 가족이 함께 이 길을 갈 수 있도록 만반의 준비를 하고 있다. 지난 날 자신이 ○○○목사님과 베네딕트 선교사님으로부터 배운 말씀중심의 훈련과 이웃사랑의 실천을 철저하게 가르치고 있다. 이러한 훈련을 통해 하나님 나라를 확장하며 충성된 일꾼으로 살아갈 수 있도록 열심히 수고하고 있다.

2) D사역자의 내적 치유와 중생과 성화 경험 이야기

D사역자는 처음 참여자로 자원했던 CCC사역자가 바쁜 사역으로 인해 중도에 할 수 없게 되면서, 소개해 준 연구참여자이다. 연구 논문을 쓰고 있는 중간에 이전 사역자가 도와주라는 부탁을 받

---

222) 이광희, "축복 개념을 통해 본 교회성장과 성령사역: 교회성장학파의 성령론 평가,"「신학과 문화」(1996), 498.

고 참여자가 되어주었다. 연구자를 전혀 모르는 상태에서 이전 참여자의 부탁을 받고 나오는 입장이어서 미안함과 부담감이 있었다. 더구나 현재 강원도에서 청소년 상담사로 일하면서 경기지역 대학부 팀 사역자로 무척 바쁘게 일하고 있다고 해서 약간의 염려도 있었다. 그런데 감사하게도 자주 만날 수 없기 때문에 필요한 질문들을 전화와 메일을 통해서 협조해 주겠다고 참여자 쪽에서 제안을 해서 평안한 가운데 만남이 이루어졌다.

D사역자는 20살 때 어머니를 따라서 이집트 선교여행을 갔던 계기로 CCC에서 내적 치유 프로그램에 참여하게 되었다. 그 때부터 약 4년째 대학에서 팀 사역자로 일하게 되었다. 내적 치유에서 의식과 무의식의 문제의 해결을 위해 일기쓰기, 하나님께 편지쓰기 등의 방법을 활용한다. 이러한 방법이 자신을 조금씩 알아가는 약간의 방편이 되기는 하지만 근본적인 문제는 해결되지 않았다. 그러므로 내적 치유가 우리의 신앙과 구원에 직접적인 영향을 미치지 못하기 때문에, 하나님의 말씀을 통해서만이 문제가 해결된다고 생각하는 말씀중심의 신앙을 강조하고 있다. D사역자는 아버지가 폐암 말기로 사형 선고를 받았을 때 기도함으로 하나님의 특별한 은혜 체험을 통해서 변화 받고 새 사람이 되었다.

성화의 과정에서 오는 여러 가지 내적 갈등이나 위기들을 개인적으로 기도하고 묵상하면서 하나님의 뜻을 발견하고자 노력했다.

이러한 문제들을 조금씩 극복하고 나아가는데 5년간의 많은 시간이 걸렸다. 하나님께 받은 은혜에 감사하며 대학생들의 영혼구원을 위한 사역과 내적 장애(공항장애, 조울증 등)를 겪고 있는 자들의 마음을 헤아리고 그들에게 도움이 되려고 상담사로서 열심히 수고하고 있다.

나름대로 하나님의 뜻을 실천하기위해 노력하고 있지만, 아직도 많이 부족함을 느끼고 항상 묵상하며 하나님의 뜻을 찾아 실천하는 삶을 살아가려고 힘쓰고 있다.

> D사역자에 대해서 전혀 알지 못하는 상황에서 이전 연구참여자가 일방적으로 자신을 대신해서 도와주라는 부탁을 받았기 때문에 참여자도 연구자도 부담감이 서로에게 있었다. 혹시라도 중간에 그만하겠다고 하면 어떡하지. 동의서를 써주지 않으면 어쩌나 염려했는데, 괜한 염려가 되었다. 생각보다 동의도 잘 해주었고 집이 강원도이기 때문에 자주 만나지 못하는 대신 참여자가 먼저 전화나 메일로 도와주겠다고 해서 생각보다 문제가 하나님의 은혜로 잘 해결 되었다. 앞으로의 모든 과정을 하나님께서 책임져 주실 것을 확신하고 이 모든 것이 하나님의 주권이므로 기도함으로 하나님께 맡기로 했다. (연구일기 2013. 7. 30)

(1) 선교센터로 가게 된 동기

D사역자는 부모님을 따라서 어릴 때 동네에 있는 감리교단의 개척교회에 처음으로 나가게 되면서 지금까지 교회와 선교센터를 병

행해서 다니고 있다. 대학교 1학년 때 어머니가 CCC에서 이집트로 선교여행을 가는데 방언은사를 받기 위해서 따라갔다. 선교여행이 계기가 되어서 CCC에 들어가게 되었고 팀 사역자로 활동하게 되었다.

저는 부모님께서 동네 개척교회에 다니시게 되면서 자연스럽게 부모님을 따라서 교회에 처음 나가게 되었어요. 20살 때 어머니가 CCC에서 가는 이집트 선교여행을 가신다고 하셨어요. 전 그 때 방언을 받고 싶어서 어머니를 따라 갔어요. 그 때 어머니를 따라간 것이 계기가 되어서 CCC에 관심을 갖게 되었고........그러면서 정식 프로그램에 참여해서 내적 치유를 받게 되었어요. 딱히 문제가 있어서 내적 치유를 받은 건 아니에요. 그러면서 훈련받고 팀 사역자로 일하게 됐어요. (2013. 7. 30)

방언 은사가 소원이 되어 어머니를 따라간 선교 여행이 사역자로 일을 하게 될 줄은 꿈에도 생각지 않았다. 그러나 선교 여행이 계기가 되어 이젠 영혼구원의 열정을 가지고 대학생을 위한 사역과 청소년 상담사로서 열심히 일하고 있다.

(2) 내적 치유가 중생과 성화에 끼친 영향

내적 치유가 중생이나 성화에 실질적인 도움이 되지 않았다. 단지 내적 치유가 자기 자신을 알아가는 하나의 방법으로서 결정적으로 우리의 신앙이나 구원에 도움을 줄 수 없지만, 일시적으로 문제해결을 받을 수 있고 우리의 신앙에 간접적으로 약간의 도움을 받을 수 있다. 내적 치유가 기도와 나눔을 통해서 진행되는데 성경적이기보다는 감정이나 느낌에 호소하는 경우가 많다. 그러므로 D사역자는 내적 치유 후에 인간적인 방법보다는 성경이 말하는 하나님의 뜻을 찾아서 행하려고 노력하고, 하나님의 뜻을 깨닫고자 항상 고민하고 기도한다.

> 내적 치유 자체가 구원의 문제를 해결해 주는 것은 아니라고 생각해요. 저는 개인적으로 기도하고 묵상하면서 문제를 해결해 나아가고 있고, 하나님을 알아가려고 노력하고 있는 중이에요. 내적 치유가 기도와 나눔을 통해서 진행되는데, 성경적이기보다는 감정이나 느낌에 호소하는 경우가 많아요. 내적 치유에서 하나님께 편지 쓰기, 일기 쓰기 등을 통해서 무의식과 의식의 문제를 자기 대화를 통해서 차츰 나아진다고 생각해요. 그러나 이러한 것은 우리의 신앙이나 구원과는 직접적인 영향을 미친다고 생각지 않습니다. (2013. 8. 2)

성경이 말하는 구원은 죄와 죄의 결과로부터의 구출을 말하며, 죄와 허물로 죽은 심령에 성령께서 중생의 역사를 일으켜서 우리의 심령 속에 새로운 성향을 심어 주시는 것을 말한다.[223] 그것은

---

223) 하문호, 『교의신학(구원론)』, 48-52.

성령의 소욕으로 육체의 소욕을 거스려 대적하게 하므로 죄를 미워하고, 지은 죄에 대해 애통하게 한다. 성령께서 신자로 하여금 신앙과 회개를 통하여 죄의 성향에 대하여 계속적인 싸움을 하게 하시는데 이것을 성화의 과정이라고 하며, 이 싸움은 중생에서 시작하여 죽을 때까지 계속된다.[224) 죄의 성향을 가지고 오랫동안 살아온 사람이 단기간의 내적 치유 세미나에서 강의, 치유기도, 나눔에서 중생의 역사가 나타나는 것이 어렵다는 것이다. 더군다나 나눔의 과정에서 인간의 감정이나 느낌에 의존하는 비성경적인 접근 방식은 오히려 치유가 아니라 영혼을 병들게 할 수 있다. D사역자는 그동안 훈련을 받고 치유 사역자로 일하면서 내적 치유가 구원에 어떠한 영향을 줄 수 없음을 깨닫고 하나님과의 일대일 관계에서 기도와 묵상을 통해 하나님중심의 신앙생활을 하고 있다. 선교 단체에서 진행되는 내적 치유의 한계성을 보여주는 것이라고 할 수 있다.

> 내적 치유는 성경적이지 않다고 생각해요. 기도와 나눔을 통해서 진행이 되어졌어요. 완전히 성경적이기보다는 감정이나 느낌에 호소하는 면이 적지 않았던 것 같아요. 서로 마음을 나누는 과정에서 감정으로 치우치는 경향이 있어요. 이러다가 자

---

224) 위의 책, 52.

칫 성경을 벗어난 신앙으로 그 심령을 창조해 버릴 수 있기 때문에 말씀에 근거한 프로그램 형성이 필요하다고 생각해요. 그래서 성경적이지 않다고 생각해요. 내적 치유자들 중에는 가끔 성경을 벗어난 예수 무당 같은 식의 진행을 하는 경우가 있는데 위험하다고 생각해요.

내적 치유는 근본적으로 마음을 치료하는 치유가 내적 치유라고 생각해요. 세상은 죄악이 관영하여 혼란스럽잖아요. 하나님의 말씀에 "만물보다 거짓되고 심히 부패한 것이 사람의 마음이라"는 말씀에 공감이 돼요. 근본적으로 마음을 치유하지 않은 것은 내적 치유가 아니라고 생각해요. 그러므로 성경이 제시하는 구원과는 어느 정도 거리가 있고......... 그냥 간접적으로 도움이 된다고 생각해요. (2013. 8. 2).

내적 치유가 그리스도라는 옷을 입고 있지만, 실질적으로는 말씀에 근거해서 행해지는 것이 아니다. 인간의 감정을 자극함으로 성경에서 벗어나 감정에 호소하게 만들어서 오히려 잘못된 신앙으로 발전할 수 있는 위험부담을 가지고 있다. 예를 들면 내적 치유를 받을 때는 감정을 자극함으로 뭔가 해결된 것 같고 다른 사람들이 다 은혜 받았다고 하는데, 나만 이상한 사람 같으니까 군중심리에 의해 마치 해결 받은 것처럼 착각하게 만든다. 그런데 시간이 지나고 나면 문제가 해결된 것이 아니라 착각이고 군중심리였다는 것을 깨닫게 된다.

　　선교단체에서 행해지는 내적 치유는 일반인들에게 다가가기
어려운 점이 있어요. 선지자나 사도들의 마음을 담은 체험적인
신앙을 요구하기 때문에 일반인들에게는 쉽게 다가갈 수가 없
어요. 정말 성경적으로 말씀 중심에서 하는 분들은 매우 존경
할 만하죠......... (2013. 8. 2)

　　선교단체에서 행해지는 내적 치유 프로그램은 일반 성도들을 위한 프로그램이기보다는 리더 또는 리더가 되고자 하는 사람들을 위한 프로그램이다. 사역자를 위한 프로그램임에도 불구하고 대부분의 사역자로 지원한 사람들이 신학과는 전혀 상관없는 사람들로 팀 사역을 진행하게 된다. 사역자들의 말씀의 부재로 인한 문제는 많은 영혼들을 주께로 인도해야 함에도 잘못된 신앙으로 인도하는 위험한 결과를 가져올 수도 있다.

　　(3) 성화의 과정에서 겪는 갈등과 위기 극복

　　D사역자가 처음에는 선교센터에 대한 기대감과 열정을 가지고 시작했다. 그러나 시간이 점점 지나면서 사신이 생각했던 것 보다는 다른 방향으로 진행되는 것들을 경험하게 되면서 선교센터에 대한 약간의 부정적인 요소들로 인한 회의와 갈등을 겪고 있다.

　　"회개하라 천국이 가까웠느니라"라는 말씀에 의지하여 하나님과의 일대일 관계를 통하여 회개와 말씀묵상을 하며 용서와 이웃

사랑 실천을 위해 열심히 노력하고 있는 중이다.

저는 내적 치유를 통해서 변화된 것이 아니라 아버지께서 폐암 말기환자로 건강이 점점 악화되어 생과 사의 기로에 서 있을 때, 온 가족이 매달려서 기도했어요. 그 때 하나님께서 기적을 베풀어 주셔서 아버지가 치료받았어요. 아버지를 위해서 기도하면서 성령의 역사를 체험하게 됐어요. 그러면서 하나님이 살아계심을 직접적으로 체험하면서 저의 삶의 변화가 일어났어요. (2013. 8. 12)

D사역자는 내적 치유를 통해서 자신이 변화된 것이 아니다. 기도함으로 기도의 응답으로 하나님께서 아버지의 폐암을 치료해주신 것을 실제로 눈으로 보고 체험하게 됨으로 하나님이 살아계심을 분명히 알게 되었다. 그 때 이후로는 살아계신 하나님에 대한 확신 있는 믿음을 가지게 되었다.

사람을 의지하는 신앙에서 벗어나 하나님을 의지하고 하나님과의 일대일 신앙으로 살아가게 되기까지는 5년 정도 걸렸어요. 성령 받고 5년 정도 지나니까 성경 읽고 묵상하며, 봉사와 사랑 실천이 아직은 많이 모자라지만 조금씩 되고 있어요. 그러면서 하나님과의 관계와 이웃과의 관계에 변화가 되는 것 같아요. 시험이나 유혹이 왔을 때에도 성경에 나타난 선지자들을 보며, 지금의 나를 보았을 때를 비교하면서 말씀 속에서 대처 방법을 찾아서 문제를 해결해가고 있습니다.(2013. 8. 12)

아버지의 질병을 통해서 살아계신 하나님을 체험한 D사역자는 하나님보다 보이는 사람을 의지하는 신앙에서 하나님을 의지하며 하나님과의 일대일의 관계를 통해 어떤 시험이나 유혹도 물리칠 수 있는 신앙으로 발전하게 되었다. 항상 믿음의 선진들을 바라보고 현재의 자신을 바라보며 해결방안을 성경에서 찾기 시작했다.

> 아직은 신앙인으로써 하나님 앞에 온전하지 못하지만, 항상 깨어서 기도하고 묵상하며 하나님의 뜻을 찾아 행하려고 노력하고 있습니다. "회개하라 천국이 가까웠느니라"라는 말씀에 의지해서 하나님과의 일대일 관계에서 회개와 말씀묵상을 통하여 용서와 이웃사랑 실천을 위해 열심히 노력하고 있는 중입니다. (2013. 8. 12)

D사역자는 하나님 앞에서 자신의 연약함을 고백하며 항상 깨어 기도하는 자로서 하나님을 의지하는 신앙으로 살아가고 있다. 아직은 나이도 어린 청년으로 세상적인 유혹이 많을 텐데도 불구하고 날마다 회개에 대한 중요성을 깨닫고 그 말씀을 묵상하며 용서와 사랑을 실천하는 자로서 살아가려고 힘쓰고 애쓰는 모습이 아름답다.

(4) 사역자로 헌신

D사역자는는 현재 선교단체에서 행해지는 내적 치유에 대한 문제점을 인식하고 자신이 대학생들을 이끌어가는 팀 사역자로서 성경에 근거한 사역을 위해 노력하고 있다. 선지자들의 믿음의 본을 따라서 날마다 말씀을 묵상하며 회개하는 생활을 통해 자신을 항상 돌아보며 살아가려고 한다. 다른 사역자들이 감정에 치우쳐서 사역하는 것에서 벗어나 말씀에 근거한 하나님 중심의 사역을 위해 애쓰고 있다.

하나님의 뜻을 따라 살아가려고 근신하며 자신의 부족함을 날마다 느끼며 하나님을 의지하는 자로서 살아가려고 힘쓰고 있다. D사역자는 은혜 받은 자로서, 남을 위해 헌신하는 마음으로 청소년 상담사로서, 대학생들의 영혼구원을 위한 사역자로서 최선을 다하고 있다.

> 대학생들을 대상으로 사역하면서 사람의 사랑이 아닌 하나님의 사랑을 실천하기 위해 열심히 살아가고 있습니다. 이것은 하나님과 나와의 일대일 신앙에서 비롯된다고 생각하고 있어요. 아직은 잘 못하고 있어요. 그냥 노력하고 있는 중이에요. 청소년 상담사로서 일하면서도 내적 장애를 겪고 있는(공항장애, 조울증) 청소년들을 대할 때 그들의 마음을 헤아리고 그들에게도 도움을 주려고 노력하는 중입니다.

D사역자는 상담사로서의 직업을 가지고 일하면서 야간에는 대학에 가서 프로그램을 진행하며 사역자로서 열심히 살아가려고 노력하고 있다. 나름대로 자신이 받은 달란트를 가지고 하나님 앞에서 충성하며 살아가는 중이다. 자신이 아무리 열심히 해도 하나님이 도와주셔야 한다는 하나님 절대주권 신앙으로 살아가려고 하나님을 의지하며, 하나님의 뜻을 구하며 하나님께 기도하는 자로 살아가고 있다.

V. 내적 치유에서 성화의 경험 다시 이야기하기

Ⅴ. 내적 치유에서 성화의 경험 다시 이야기하기

성화는 하나님의 능력에 의한 구원의 변화를 체험함으로 과거로부터 현재의 시점에 이르기까지 나아가 미래의 삶과 관련된 지속적인 행위를 말한다.[225] 성화란 마음을 새롭게 하시는 하나님의 능력을 체험하는 것으로서, 그리스도께 속한 우리의 전 인격이 온전한 헌신과 순종을 통해 하나님의 구원의 의미와 목적을 경험하는 삶을 의미한다. 즉 하나님의 능력을 과거의 경험과 미래에 대한 소망을 근거로 현재의 지식을 통해 구체적으로 나타내는 행위이다.[226]

에밀 브루너(Emil Bruner)는 인간의 상황과 경험에 최대의 관심을 가지는 내러티브 양식은 경험에 의미를 부여하는 가장 좋은 방법이 내러티브라고 주장한다.[227] 그리스도인들에게 있어서 하나

---

225) 주성준, "로마서에 나타난 성화의 의미,"「총신대 논총」제17권 (1998), 124.
226) 위의 논문, 124.
227) 염지숙, "내러티브 탐구: 그 방법과 적용," 38.

님의 능력의 체험을 통한 성화의 경험은 삶의 의미와 목적을 발견
하게 된다. 인간에게 있어 삶의 궁극적인 목표는 하나님의 영광이
며, 이차적인 목표가 성화와 구원이다.[228] 성화는 성경의 가르침에
따라 성숙한 인간으로서 그리스도의 완전성에 도달하도록(엡
4:13) 노력하라고 권고하고 있다. 과거, 현재, 미래라는 3차원의
공간에서 살아가는 그리스도인들에게 성숙한 인격을 위해 성화의
경험은 매우 중요하다.

존 폴킹혼(John Polkinghone)은 "의미 만들기"의 한 형태로서
우리의 삶에서 과거의 사건들을 이해하고 미래의 행위를 기획하
는 틀을 제공한다. 내러티브를 통해서 우리가 무엇을 하고 있는지
성찰하고 앞으로 할 일에 의미를 부여한다. 즉 내러티브 탐구는
과거, 현재, 미래의 성찰을 내포하고 있으며, 한 개인의 살아 있는
경험으로써 우리가 누구였으며, 현재 누구이며, 어디로 가고 있는
지에 대한 의미 있는 정보를 제공해 준다.[229] 내러티브는 사람들
이 의식적으로 알지 못하는 정보를 연구자가 사람들의 이야기를
듣고 분석하면서 은밀하게 감춰진 과정을 표면으로 떠올리게 하
는 것이다.[230]

---

228) 임충곤, 『당신은 다른 사람을 어떻게 도울 수 있습니까?』 (서울: 다사랑,
    2001), 183.
229) 염지숙, "내러티브 탐구: 그 방법과 적용," 39.
230) 신동일·유주연, 『내러티브 탐구 방법의 이해』, 172.

본 연구의 참여자들은 신실한 그리스도인들로서 모두 내적 치유를 받은 자들이며 성화의 경험을 통해 현재 지속적인 성화의 삶을 살아가고 있다. 참여자들은 경험했던 과거의 감춰진 이야기들을 다시 이야기 하는 과정을 통해 개인적, 사회적 상호작용 속에서 자신들의 과거와 현재를 보게 되고, 미래의 연속성에 있는 자신들을 발견하게 되었다.

본 장에서는 참여자들이 내적 치유에서 과거 상처는 어떠한 과정을 통해서 치유를 경험 했는지, 내적 치유 이후에 성화의 경험 상황은 어떠한지, 성화 경험의 결과로 나타나는 변화된 삶의 의미는 어떠한지에 대해 그들이 경험한 것과 느낀 것들에 대해 다시 이야기 하면서 내적 치유에서 나타나는 성화의 경험에 대한 의미를 살펴보고자 한다.

1. A집사의 내적 치유와 성화 경험 이야기와 의미

본래 인간은 자유의지를 가진 영적 존재로서 자발적으로 하나님과 관계를 맺고 하나님을 사랑하고 순종하는 존재로 지음 받았다. 그러나 불순종으로 인한 타락으로 하나님의 형상을 상실하게 되었다. 따라서 하나님의 형상의 상실은 하나님과의 관계단절과 이웃

과의 단절을 초래하게 되고, 자아가 왜곡되어 거짓과 자기합리화
로 불법을 행하게 되고 하나님을 대적하는 삶을 살게 된다.

이 시대 가장 뛰어난 기독교 지성 가운데 한 사람인 데이빗 웰스
(David Wells)는 자아에 대해 다음과 같이 말한다.[231]

> 인간의 자아는 왜곡되어 있고, 자아는 하나님과 및 타인과의
> 어그러진 관계를 맺고 있으며, 자아는 속임과 합리화로 가득
> 차 있고, 자아는 무법하며, 반역적이기 때문에 살기 위해서는
> 자아를 죽여야 한다는 것이다.[232] 이것이 복음의 핵심이며, 기
> 독교적 품성, 기독교인의 성격의 핵심에 자리 잡고 있다. 사람
> 은 자기 속에 있는 무가치한 것을 표출함으로써가 아니라 억제
> 함으로써 강해진다는 증거가 수없이 많다. 억제는 도덕적인 관
> 심과 그리스도의 소유가 되었다는 의식에서 나오는 의식적이며
> 합리적인 행위다. 자기부인이 성품을 올바르게 형성해 준다.

그리스도인은 그리스도를 만남으로 인한 하나님의 용서와 사랑
을 경험하게 된다. 이것이 십자가의 삶이며, 제자의 길이며, 성화
의 삶인 것이다. 이러한 경험들은 그리스도인으로서 정체성을 확

---

231) David Wells, No Place For Truth, 김재영 역,『신학 실종』(서울: 부흥과 개
혁사, 2008), 268-69.
232) 기독교 자아 추구 운동운 성경의 근거를 찾으려고 "네 이웃을 네 몸과 같이
사랑하라,"(마 22: 39)는 두 번째 계명을 호소했다. 주장하는 바에 따르면, 자
기 사랑은 가능할 뿐만 아니라 기대되고 바람의 대상으로 여겨진 것이다. 그
러므로 자기 사랑은 추천되는 덕목이 아니라 인간 생활의 현실이며, 최소한
우리는 우리 자신을 사랑하는 만큼 다른 사람을 사랑하려고 시도해야 한다.

립해 가는데 중요한 역할을 한다. 그리스도인들의 자기 정체성이란 신자의 신자다움을 말하는 것으로 무엇을 믿으며, 어떻게 살아야 하는지에 대한 확실한 인식이다.[233] A집사는 하나님의 인도하심으로 ◯◯◯교회로 옮기면서 새롭게 신앙생활을 시작하게 되었다. 그동안 불순종이 체질화 되어 있던 삶에서 말씀과 기도훈련과 상담을 통해서 순종하기까지는 많은 어려움과 시련이 있었다. 하나님으로부터 생명의 것들을 받기 위해서는 회개와 버림이 중요하다.[234] 교만과 불순종의 습관적인 죄로 인하여 하나님의 징계를 받고 고통 가운데 고집을 꺾고 회개하므로 하나님의 용서와 사랑을 체험했다. 5년간의 훈련과정에서 날마다 자기 자신을 죽도록 쳐서 복종시킨 결과 회개를 통한 중생의 씻음과 성령의 새롭게 하심으로 그리스도인으로서의 정체성이 확립되었다. 회심체험은 죄인임을 철저하게 깨닫고 하나님의 은혜로 용서받았다는 경험 이후의 성화의 과정에서 매우 중요하다.[235] A집사는 회심체험을 통해 철저한 회개생활로 육신의 소욕을 버리고 성령을 따라 실천적인 삶을 살아가게 되었다. 10년간의 지속적인 훈련과정을 통하여 세상

---

233) David Wells, *No Place For Truth*, 김재영 역, 『신학 실종』, 269.

234) 조규형, "아더 피어선과 케직사경회," 13.

235) 김영순, "기독교 영성과 그리스도 요법에 관한 비교 연구," (서울신학대학교 석사학위논문, 2009), 73.

에 속한 것들을 포기하고 하늘나라에 대한 소망을 가지게 되었다.

점진적인 성화의 과정을 통하여 하나님을 경외하므로 악에서 떠나 이웃 중심의 삶으로 변화되어 확실한 은혜 가운데 살아가고 있다. 온전한 성화는 성령세례에 의해서 수행되며 생명과 봉사를 위해 신자에게 능력을 주는 성령의 영속하며 내주하는 현존을 포함한다.[236] A집사는 성화의 삶을 살게 되면서 매 순간마다 하나님을 의지하게 되었고, 하나님을 의식하여 하나님의 뜻에 순종하며 감사의 생활로 하나님께 영광 돌리는 자로 살아가고 있다.

성화의 경험과정을 통해서 하나님의 구원의 의미와 목적을 발견하므로 신앙을 견고하게 하는 계기가 되었다. 하나님과의 관계회복과 이웃과의 관계회복으로 성화의 목표인 하나님의 형상 회복과 그리스도인의 삶의 목표인 하나님의 영광을 위해 이웃사랑을 실천하며 복음의 빚진 자로 살고 있다.

1) 내적 치유 경험 의미

A집사는 정체성 없이 10년이 넘도록 신앙생활을 하면서 자신이 누구인지, 왜 사는지, 삶의 목적도 없이 살아가고 있었다. 예수를

---

236) 천영숙, "오순절 신학과 웨슬리안 성화론의 관계," 50.

믿었지만 그리스도를 만나지 못한 결과 마음대로 죄를 지으면서도 죄의식 없이 하나님을 두려워하지 않는 삶을 살아왔다. 모든 일에 원망과 불평이 가득하여 가정에서도, 교우관계에서도 날마다 다투고 분쟁하며 살아오다가 내적 치유 과정에서 A집사는 딸이라는 이유로 부모로부터 받은 상처와 시집와서 이혼으로 인한 시어머니와 남편에 대한 상처로 인하여 고통스러운 삶을 살아왔다는 것을 성령의 역사로 깨닫게 되었다. 따라서 상처로 인하여 시어머니와 남편을 죽도록 미워하고, 부모를 원망하며, 하나님을 원망하고 불평하며 살아왔던 삶들을 인정하고 고백하며, 회개하기 시작하면서 자기에게 상처를 준 자들을 차츰 용서하게 되면서 성령의 역사로 자신을 조금씩 깨달아가고 죄에 대한 감각이 생기기 시작했다.

2) 성화의 경험 상황

A십사는 내적 치유과정에서 자신을 돌아보며 회개하는 삶을 통하여 상처늘 때문에 강퍅하고 굳어진 마음이 부드러워지기까지 원망과 불평 그리고 다투고 분쟁하는 옛 습관을 버리지 못해서 쓰러지고 넘어지는 것을 수도 없이 많이 했다. 그러다가 징계를 당하고 지옥을 경험하면서 목숨을 걸고 살려달라고 통회하는 순간에 하나님의 용서와 사랑을 체험하면서 중생의 씻음과 성령의 새롭게 하

시는 하나님의 은혜를 체험하게 되었다. 그 순간부터 하나님의 평강이 강물같이 임하는 은혜를 체험하게 되었다. 중생 이후 성화의 삶을 위해 날마다 자신을 쳐서 복종시키고 회개의 실천적인 삶으로 거룩과 성결의 삶을 살기까지는 눈물과 죽어지는 고통을 수 없이 인내하면서 성령의 열매를 맺게 되었다.

3) 성화 경험 결과 변화된 삶의 의미

성화 경험을 통해 날마다 회개하며 실천적인 삶을 살게 되면서 죄에 대해 민감해졌다. 과거에는 큰 죄를 짓고도 까맣게 잊어버렸던 것들을 성령이 기억나게 하시고 회개를 통하여 점점 거룩한 사람으로 만들어 가시는 성령의 역사를 체험하게 되었다. 양심이 회복되고 죄에 대한 감각이 생기게 되어서 비인격적인 행동들이 인격적으로 바뀌게 되었다. 이러한 인간성 회복을 통해 고집을 꺾고 다른 사람을 인정해주며, 양보하며, 자신보다는 다른 사람을 먼저 생각하는 이웃 중심의 삶으로 변화된 자신을 발견하게 되었다. 하나님과의 관계에서도 하나님을 원망하고 불평하던 삶에서 하나님께 감사하며 말씀에 순종하는 삶을 살고 있다. 이러한 성화의 과정을 통하여 하나님과 이웃과의 관계회복에서 오는 어떠한 어려움과 시련을 이겨낼 수 있는 담대한 믿음을 소유하게 되었다. 교회는 물론이고 직장에서도 복음을 위해서 헌신적인 삶으로 하나님께 영광 돌리는 것이 자신을 구원하신 하나님의 뜻임을 깨닫게 되었다.

2. B집사의 내적 치유와 성화 경험 이야기와 의미

인간은 태어나면서부터 개인, 가족, 사회, 문화, 그리고 자연을 늘 경험하고 관계하며 영향력을 주고받는다. 개인은 가족에 의해 영향을 받고, 가족관계에서 많은 다양한 경험적 실체들을 만들어 내기도 하고 받아들이기도 한다.[237]

B집사는 기독교적인 가족체계에서 태어나 사회문화적인 체계들이 부모를 통해서 가족 안에서 자연스럽게 전달되었다. 부모로부터 몸에 배인 잘못된 습관들로 하나님을 바르게 알 수 없게 되었고, 하나님에 대한 두려움 없이 죄에 대해 무감각하게 살아왔었다. 상한 갈대를 꺾지 아니하시는 하나님은 B집사가 더 이상 혼자 힘으로 도서히 삼당할 수 없는 상황에서 죽기만 바라고 절망하고 있을 때 연구자를 만나게 했다. 연구자를 통해서 하나님의 치유하시

---

237) 김병훈, 『현대목회상담학자연구: 래리 그래함(Larry K. Graham)』 (서울: 돌봄, 2011), 274.

는 은혜와 과거의 잘못된 삶들을 회개하므로 하나님의 용서와 사랑을 체험했다. 이러한 체험을 통해서 믿음의 결단을 하고 주를 위한 헌신과 봉사의 삶을 살았다.

우리는 우리의 본성 안에 안일함과 교만이라는 두 가지 암초를 가지고 있다. 즉 은혜와 본성이 서로 혼합되어 있기 때문에 우리는 은혜만 보고 교만해도 안 되며 부패만 보고 낙담해도 안 된다.[238] B집사는 시간이 흐르면서 영적 안일함에 빠지게 되었다. 은혜의 원천이 하나님께 있음을 보지 못하고 인간적인 욕심과 교만으로 하나님의 은혜에서 떠나게 되었다. 10년간의 고통의 날들을 보내고 5년 전에 연구자 교회에 와서 새로운 각오로 다시 시작하게 되었다.

하나님은 우리 안의 악을 제거해 버리라고 말씀만 하시는 것이 아니라 우리 영혼 안에 거룩하고 생명력 있는 것들을 성령의 능력으로 강화시킨다.[239] 피어선은 영적 삶을 강화시키는 방법으로 말씀, 개인적 기도, 영혼을 위한 부단한 사역 그리고 성령 안에 늘 거해야 한다고 주장한다.[240]

---

238) Richrd Sibbes, 전용호 역,『꺼져가는 심지와 상한 갈대의 회복』(서울: 지평서원, 2010), 59–60.
239) 조규형, "아더 피어선과 케직사경회," 13.
240) 위의 논문, 13 재인용.

B집사는 "고난당한 것이 내게 유익이라."(시 119:71)는 시편 기자의 고백처럼 많은 연단과 환란들을 통하여 시행착오를 겪으면서 자신을 돌아보게 되었다. 모든 문제가 다른 사람에게 있는 것이 아니라 자신에게 있음을 깨닫고 철저한 회개와 말씀 중심의 실천적인 삶을 살게 되었다. 성화로 인한 성령의 내주하시는 은혜로 우리는 그리스도와의 교제 안에 그리고 그 분에 대한 전적인 복종 안에 살 수 있게 하며, 삶의 많은 갈등들 가운데서 영광스러운 승리를 우리에게 준다.[241] B집사는 성화의 삶에서 회개와 순종의 삶을 통하여 주님이 함께하시므로 환란이나 고난도 두려워하지 않는 담대한 믿음을 소유하게 되었다.

폴 틸리히(Pual Tillich)는 "사랑이란 삶을 움직여 나가는 힘"이라고 했다.[242] 성령은 하나님의 사랑을 경험하게 되고 실천하게 한다.[243] B집사는 하나님의 사랑을 체험하게 되면서 다른 사람을 용서하고 사랑할 수 있게 되었고 자녀들을 대하는 태도에서도 마음에 여유가 생겼다. 성화의 경험을 통하여 자신과 같은 사람에게 사랑을 베풀어주신 하나님께 감사하며 모든 것이 하나님의 주권적인

---

241) 위의 논문, 13 재인용.

242) Paul Tillich, *Love, Power and Justice* (New York: Harper & Row, 1959). 265.

243) 천영숙, "오순절 신학과 웨슬리안 성화론의 관계," 42.

섭리 가운데 이루어지는 것임을 깨닫게 되었다. 성화의 궁극적인 목적이 하나님의 형상 회복을 통한 인간 구원의 목적이 하나님께 영광 돌리는 것임을 깨닫게 되었다.

1) 내적 치유 경험 의미

B집사는 자존감이 낮아서 매사에 자신감이 없고 좌절과 포기를 잘하고 매사에 부정적인 사고를 가지고 살아가므로 심한 우울증으로 많은 어려움과 고통을 겪게 되었다. 내적 치유 과정에서 회개를 통하여 어릴 적 부모로부터 무시와 억압을 당한 상처로 인하여 다른 사람이 잘되는 꼴을 못보고 미워하고 시기한다는 것을 성령께서 깨닫게 하였다. 그때부터 죄를 인정하고 회개하면서 자신을 조금씩 알아가게 되었다. 눈치가 없고 쉽게 포기를 잘하는 의지가 약한 성격 때문에 많은 시행착오를 겪으면서 고집이 꺾이고 내면이 치유되면서 열등감이 극복이 되고 자신감이 생기면서 차츰 변화되어 갔다.

2) 성화의 경험 상황

B집사는 이혼으로 인해 많은 환란과 고난을 경험하면서 날마다

부르짖고 기도하면서 자기 자신을 알게 되었고, 죄를 자백하므로 하나님의 사랑과 용서를 체험하게 되었다. 하나님의 사랑을 체험하므로 자신을 소중함을 깨닫고 다른 사람들을 소중하게 여길 수 있는 마음의 여유가 생겼다. 하나님의 도움 없이는 아무것도 할 수 없음을 깨닫게 자신을 날마다 쳐서 복종시키면서 하나님의 말씀에 순종할 수 있게 되었다. 끊임없이 회개와 순종의 과정을 통해서 성화의 거룩한 삶을 통해서 믿음이 견고하게 되어 고난이나 환란을 두려하지 않는 믿음을 소유하게 되었다.

3) 성화 경험 결과 변화된 삶의 의미

B집사는 이혼으로 인해 많은 환란과 고난을 경험하면서 하나님과의 관계에서 자신의 참 모습을 보게 되었고, 이웃과의 관계에서 자신의 잘못된 욕구와 습관들을 발견하고 회개함으로써 관계회복이 이루어졌다. 이러한 상호작용 속에서 자신을 발견하고 자신의 어리석음을 깨닫고 하나님 앞에서 자신을 낮추는 계기가 되어 교회에서도, 가정에서도, 주변 사람들에 유익을 끼치며 하나님께 영광 돌리고 있다. 성령의 능력을 통해 그리스도를 닮아가고 하나님의 형상을 회복하여 성화의 궁극적 목적인 거룩한 삶으로 성령의 열매를 맺고 있다. 이러한 성화의 경험을 통해 자신과 같은 사람에

게 사랑을 베풀어주신 하나님께 감사하며, 모든 것이 하나님의 주권적인 섭리 가운데 이루어지는 것임을 깨닫게 되었다. 성화의 궁극적인 목적이 하나님의 형상의 회복을 통한 인간 구원의 목적이 하나님께 영광 돌리는 것임을 깨닫게 되었다.

3. C사역자의 내적 치유와 성화 경험 이야기와 의미

탐 마샬(Tom Mashal)은 치유가 나타나기 위해서 기대는 매우 중요하다고 했다. 즉 기대가 없다면 받아들이려고 문을 열지도 않게 되기 때문이다.[244] C사역자는 유치원 때 외국 사람에 대한 궁금증과 기대감을 가지고 구경하러 간 것이 계기가 되어 마음 문을 열고 예수를 믿게 되었다. 초등학교 4학년 어린 나이에 동네 교회에서 철야예배에 참석했다가 밤새 눈물로 회개했던 체험은 부모의 잘못된 결혼에 대해 용서할 수 있는 계기가 되었다.

칼빈은 믿음에 대해서 하나님의 은혜 없이는 회개와 성화가 불가능하다고 밝힌다.[245] 회개는 믿음의 결과로 주어지는 것으로서,

---

244) Tom Marshall, 『자유케 된 자아』, 85.
245) 이신열, "성화와 하나님의 은혜에 대한 칼빈의 이해," 61.

주께서 회개시키고자 하는 자에게 자비를 베푸시기로 결정하시고, 만일 은혜를 받고자 하면 어느 방향으로 가야하는지를 알리신다.[246] C사역자는 하나님의 주권적인 은혜로 회개의 체험이 부모님을 용서할 수 있도록 했고 앞으로의 삶에 성령의 인도하심을 받게 되었다.

초등학교 6학년 겨울방학 때 예수전도단에서의 방언은사의 체험은 깊이 있는 신앙을 하는데 도움이 되었다. 그 후 예수전도단에서 중고등학교 과정을 거치면서 철저한 말씀 중심의 훈련과 전도여행 그리고 합숙훈련을 통해서 이웃사랑과 자신을 사랑하는 것을 배우게 되었다. 그 무렵 예수전도단에서 행한 한 영혼을 위한 지도자들의 사랑의 수고와 말씀 중심의 가르침은 C사역자가 부모로부터 받은 상처들을 치유 받을 수 있었고, 말씀 중심의 사역자로 성장할 수 있는 기틀이 되었다.

중고등학교 시절 C사역자는 교회에서 회장을 맡고 있을 때 한편으로는 기독교계와 선교단체와의 논쟁에서 교회로부터 많은 상처를 받고 있었다. 이러한 경험은 많은 것을 배우게 되었고, 모든 일에 객관성을 잃지 않고 진리 편에서 바라볼 수 있는 시야가 열리게 되었다. 군 제대 후에 예수전도단에서 내적 치유 프로그램인 DTS

---

246) 유정우, "칼빈의 구원론에 있어서 성화의 위치: 기독교 강요를 중심하여," 「복음과 신학」 제1권 제1호 (1996), 35.

훈련을 받게 되었다. 내적 치유가 중생과 성화에 직접적인 영향을 주지는 못하지만, 마음 밭을 갈아엎게 되므로 딱딱하고 굳은 마음이 부드럽게 되는 체험을 하게 되었다.

"눈물로 씨를 뿌리는 자는 기쁨으로 거두리로다"(시 126:5)에서 과거 이스라엘 백성들이 하나님께서 주신 약속을 바라보며 눈물이 날 정도로 고된 일이지만, 결코 포기하지 않고 인내로써 감당했을 때 포로에서 해방되어 자유를 얻게 되었다. 이와 같이 내적 치유에서 2주나 3주 했다고 당장 변화되지는 않지만, 마음밭을 갈아엎은 계기를 통해 믿음의 결단과 희생의 각오로 많은 어려움과 숱한 갈등을 이기고 나가면 하나님은 반드시 기쁨의 열매를 맺게 하신다는 확신이 있다.

C사역자는 내적 치유를 통해 밭갈이가 된 밭에 씨를 뿌리고 싹을 틔우기 위한 인내의 노력이 10년에서 20년의 기간을 통해서 말씀이 삶으로 적용되면서 순종할 수 있게 되었고 성화된 삶을 통해 경건의 능력이 나타나는 경험을 했다. C사역자는 하나님께서 선교단체로 인도하시고 다양한 경험을 하게 하시고 인간관계에서 많은 것을 배우게 하신 하나님의 선하신 뜻이 사역자로서 쓰시기 위한 하나님의 섭리였음을 깨닫게 되었다.

웨슬리는 하나님의 뜻을 성화의 동기로 이해했으며, 그리스도인의 삶의 목표로서 타락한 인간성어 완전한 인간성으로 회복되는 것을 말한다.[247] 따라서 성화의 목표는 하나님의 형상을 회복하는 것이며, 그리스도인의 성화의 삶의 목표는 하나님께 영광 돌리는 것이다.

C사역자는 성화 경험을 통해 교회와 직장 그리고 사역 현장에서 겪는 어려움과 갈등을 포기하지 않고 끝까지 인내로서 이겨냄으로 말씀의 씨앗이 싹을 틔우고 자라서 성화의 삶으로 거룩의 열매를 맺게 하신 하나님의 구원섭리를 발견하는 계기가 되었다. C사역자의 눈물과 땀과 긴 시간의 수고를 통해 많은 청년들을 구원하시고자 하나님의 뜻을 발견하고 자신에게 귀한 사역을 맡겨주신 하나님께 감사하며 목숨이 다하는 그날까지 충성된 사역자로서 살아가길 소망하고 있다.

1) 내적 치유 경험 의미

C사역자는 내적 치유과정에서 지도자들의 따뜻한 사랑과 돌봄을 통해서 마음의 위로를 받음으로 인해 부모로부터 받은 상처들을 치유 받을 수 있었다. 내적 치유를 통해 자신이 괜찮다고 덮어버렸던 것들이 분노로 표출되면서 하나님의 치유를 경험하고 용서

---

247) 유창형, 『개혁주의입장에서 본 존 웨슬리의 성화론』, 74.

하지 못했던 사람들을 용서할 수 있게 되었다. 이러한 용서를 통해
하나님 앞에서 자신이 소중하고 존귀한 존재임을 깨닫고, 다른 사
람들도 자신과 마찬가지로 소중하고 존귀한 존재라는 것을 알게
되었다. 자신의 내면에 자라잡고 있는 부모님과의 관계에서의 부
정적인 요소들이 제거되면서 하나님을 신뢰할 수 있게 되었다.

2) 성화의 경험 상황

C사역자는 어릴 때 부모님의 이혼으로 인한 상처와 고통으로 밤
새워 철야하며 눈물의 기도를 통해서 하나님을 만나는 체험을 했
다. 그 후에 방언은사의 체험을 통해서 하나님과의 깊은 신뢰관계
를 갖게 되었다. 예수전도단에서 중고등학교 과정을 거치면서 철
저한 말씀 중심의 훈련과 전도여행 그리고 합숙훈련을 통해서 이
웃사랑과 자신을 사랑하는 것을 배우고 실천하게 되었다.

성화의 과정에서 여러 가지 문제들로 인해 위기와 갈등들이 올
때 예수전도단에서의 지도자들의 따뜻한 사랑과 말씀중심의 가르
침을 통하여 극복할 수 있었다. 말씀 중심의 실천적인 삶을 통해서
성화의 거룩한 삶을 통하여 교회와 직장 그리고 사역 현장에서 겪
는 어려움과 갈등을 포기하지 않고 끝까지 인내로서 이겨내고, 자
기가 맡은 일에 성실한 자로 살아가고 있다.

3) 성화 경험 결과 변화된 삶의 의미

C사역자는 순종하는 삶을 통하여 성화된 삶을 살게 되면서 경건의 능력이 나타나는 경험을 했다. 하나님께서 선교단체로 인도하시고 다양한 경험을 하게 하시고 인간관계에서 많은 것을 배우게 하신 하나님의 선하신 뜻이 사역자로서 쓰시기 위한 하나님의 섭리였음을 깨닫게 되었다. 하나님과의 관계에서 끊임없이 인내하며 자신을 쳐서 복종시키는 훈련의 과정을 통해서 경건의 실천적인 삶을 살 수 있게 되었음을 깨닫게 되었다. 하나님께서 자신에게 사명으로 주신 대학생들과 청년들에게 선교사님으로부터 배운 말씀 중심의 훈련과 이웃사랑의 실천을 철저하게 가르치고 있다. 이러한 훈련을 통해 하나님나라를 확장하며 충성된 일꾼으로 세우는 것이 자신을 향한 하나님의 뜻임을 깨닫게 되었다.

4. D사역자의 내적 치유와 성화 경험 이야기와 의미

인간은 경험의 덩어리인 동시에 새로운 경험으로 초대된 존재이다.[248] 경험에 관해서는 우리가 예수를 만남으로 회개하게 되고 그리하여 돌같이 굳은 마음이 사랑할 수 있는 부드러운 마음으로 변화된다. 하나님께서는 인간에게 자유의지를 주시고 새로운 관계, 자비, 사랑, 정의를 바탕으로 한 새로운 관계를 우리에게 주시고자 초대한다. 그러므로 그리스도인의 생활이란 이러한 경험을 통해서 우리 인간의 마음속에 생기는 하나의 생명이다.[249]

D사역자는 대학교 1학년 때 방언은사에 관심이 있어서 어머니를 따라서 선교지에 가게 된 것이 계기가 되어 CCC에서 내적 치유를 받고, 그때를 계기로 사역자의 훈련을 받고 내적 치유사역자가 되었다. 그러나 내적 치유 자체가 우리의 믿음과 구원에 어떠한 영향력을 미치지 못한다는 것을 깨닫게 되었다. 회개를 통한 아버지의 폐암 말기 치료의 경험은 하나님의 살아계심을 체험하게 되

---

248) 임충곤, 『당신은 다른 사람을 어떻게 도울 수 있습니까? (현대목회와 영성)』, 175.
249) 박홍, "목회의 전문화와 영성," 「연신원 하기세미나 강의집」 제4화 (1985), 47.

었다. 이러한 체험적인 신앙을 통해서 의존적인 신앙에서 벗어나
서 하나님과의 일대일 신앙으로 살아가는 계기가 되었다. 아버지
를 통해 하나님의 구원과 용서를 실제로 자신의 내면에서 경험함
으로써 자신의 부족함과 연약함을 깨닫고 은혜 주신 하나님께 감
사하며 주어진 일에 열심히 노력하고 있다. 이러한 체험적인 신앙
을 통해서 은혜 받은 자로서 사람의 사랑이 아닌 하나님의 사랑을
실천하기 위해 열심히 노력하고 있다.

칼빈은 믿음에 대해서 논의할 때 회개와 용서라는 두 가지를 반
드시 포함시킨다. 그 이유는 복음의 내용 전체가 바로 회개와 죄
용서이기 때문이다. 하나님의 은혜 없이는 회개와 성화는 불가능
하다고 밝힌다.[250] 그러므로 우리는 지속적으로 회개하고 은혜를
간구해야 한다.

D사역자는 지속적으로 회개하고 은혜를 간구하는 과정에서 중
생과 성화의 경험을 통해 자신을 구원하시고 치유사역자로서 사명
을 수신 하나님의 뜻을 깨닫게 되었다. 이러한 중생과 성화의 경험
으로 회개의 중요성을 깨닫고 날마다 회개와 묵상기도를 통해 하
나님 앞에서 항상 깨어있는 자로서 살아가려고 노력하고 있다.

---

250) 유정우, "칼빈의 구원론에 있어서 성화의 위치: 기독교 강요를 중심하여," 61.

1) 내적 치유 경험 의미

C사역자는 내적 치유과정에서 치유사역자들의 성경에 근거하지 않는 감정이나 느낌에 호소하므로 내면의 상처를 치유하는데 아무런 도움이 되지 않았다. 자기 스스로 회개와 묵상 그리고 무의식과 의식의 대화를 통해서 자신을 깨달아 가려고 노력 했다. 아버지의 질병으로 인하여 회개할 때 하나님과의 인격적인 만남을 통하여 사람을 의지하는 의존적인 신앙에서 벗어나 독립적인 신앙을 가질 수 있게 되었다.

2) 성화의 경험 상황

D사역자는 아버지의 폐암 말기라는 사형선고로 인하여 부르짖고 회개하면서 중생을 체험하게 되었다. 회개의 중요성과 선교단체 사역자들의 말씀의 부재로 인한 문제점을 발견하고 말씀의 중요성을 인식하므로 날마다 철저한 회개생활과 말씀에 대한 묵상의 삶을 통해서 성화의 삶을 살아가고 있다. 하나님과의 관계에서 회개와 묵상 그리고 자신을 쳐서 복종시키며 말씀에 순종하는 훈련이 중요하다는 것을 깨닫게 되었다.

3) 성화 경험 결과 변화된 삶의 의미

D사역자는 중생과 성화의 체험적인 신앙을 통해서 선지자들의 신앙모범을 따라 말씀 중심의 사역자로서 인간의 사랑이 아닌 하나님의 사랑을 실천하며 살아가려고 열심히 노력하고 있다. 하나님으로부터 받은 사랑을 실천하려고 사역대상인 대학생들을 자신처럼 훈련시켜서 말씀 중심으로 온전하게 설 수 있도록 하는 것이 하나님의 뜻임을 발견하게 되었다. 따라서 하나님으로부터 받은 사랑을 상담자로서, 사역자로서 헌신하는 삶을 위해 노력하고 자신의 연약성과 부족함을 인정하며 겸손하게 하나님의 뜻을 따라 살아가려고 노력하고 있다.

VI. 결론

VI. 결론

1. 요약 및 결론

첨단과학과 정보산업의 발달은 인간에게 삶의 질을 높이고 편리함을 가져왔지만, 인간소외와 갈등으로 인한 우울증환자와 정신질환자들의 증가는 우리나라뿐만 아니라 전 세계적인 현상이다. 이러한 현실은 전 세계가 사회전반에 걸쳐 병이 들었다는 증거이며, 치료가 절대적으로 필요하다는 것을 말한다. 이러한 사회적인 현상은 교회라고 예외일 수 없다. 한국교회는 성도들의 내적 성장을 간과하고 외적 성장을 강조하는 목회신학의 영향으로 인하여 영적 능력을 상실하므로 위기를 맞이하게 되었다.

이러한 시대의 요청에 따라 1990년대 이후부터 내적 치유에 관심을 가진 다양한 책들과 프로그램들이 소개되고 발전하여 기독교 상담의 한 분야로서 자리를 잡게 되었다. 긍정적인 변화는 평신도를 비롯하여 많은 목회자들까지도 일시적인 고통의 문제가 해결되는 양상을 가져오기도 하였다. 그러나 학문적인 연구가 무분별하게 사용되어지므로, 장기적인 학문적 체계가 미흡한 실정이다.

지금까지 내적 치유에 대한 연구들은 대부분 프로그램 위주여서 일시적인 효과는 검증되었지만, 지속적인 인격의 변화가 없으므로 교회나 선교단체 등에서 사용하기에는 적절하지 않은 프로그램이다. 이와 같이 내적 치유는 부정적이고 비판적인 요소들이 많음에도 불구하고 이 시대에 절실히 요구되는 목회상담의 중요한 분야가 되고 있다. 따라서 본 연구는 성경에 기초한 신학적이고 목회상담학적 차원의 성화지향적 내적 치유를 제시하여 한국교회가 성경적인 교회로 거듭나게 하는데 기여하고자 했다. 따라서 성화지향적 내적 치유는 전인치유로서 새 생명을 얻는 중생에서 시작되어 거룩함을 추구하는 성화의 삶을 살게 하며, 하나님과의 깨어진 관계와 이웃과의 관계회복을 통하여 그리스도의 내적이고 외적인 모습을 닮아가게 하는 것이다. 그 결과 성경적인 교회로 거듭나게 하는데 필요한 치유사역의 방편이 될 것이다.

본 연구에서 조사한 내용 중에는 국내 대표적인 선교단체의 내적 치유를 경험한 사역자들과 연구자의 교회에서 성화지향적 내적 치유를 경험한 자들을 대상으로 살펴보았다.

동일한 주제를 설정하여 참여자들이 구원과정에서 내적 치유를 통하여 과거의 상처가 어떠한 과정을 통해서 치유되었는지, 내적 치유 이후에 성화의 경험 상황은 어떠한지, 그리고 성화를 경험의 결과로 나타나는 변화된 삶의 의미는 어떠한지에 대한 결과는 다음과 같다.

A집사는 내적 치유과정에서 그리스도인으로서의 정체성 없이 무분별하게 살아오던 삶에서 말씀 교육과 기도훈련, 상담 등을 통해서 정체성이 회복되는 체험을 했다. 교만과 불순종으로 징계를 받고 고통 가운데 눈물로 통회하면서 하나님의 용서와 사랑으로 중생을 체험하고 새 사람이 되어서 순종을 통한 성화의 거룩한 삶을 살고 있다. 항상 자기 자신을 돌아보고 날마다 회개의 삶으로 자기중심적인 삶에서 이웃 중심의 삶으로 인격이 변화되고 하나님과의 관계회복으로 자신을 구원해 주신 하나님께 감사하며 복음의 빚진 자로 살고 있다.

B집사는 자존감이 낮아서 매사에 자신이 없고 좌절과 포기를 잘하는 성격이었다. 내적 치유과정에서 회개를 통해 내면의 상처를 치유를 받고 자신감이 생겼다. 말씀 교육과 기도와 상담 등을 통하여 자기 자신을 알게 되었고, 회개하므로 하나님의 사랑과 용서를 통해 중생을 체험했다. 순종을 통해 성화된 삶으로 자기중심적인 삶에서 이웃중심의 삶으로 인격이 변화되어 하나님의 은혜에 감사하며 성화의 열매로 사랑을 실천하는 자로 살고 있다.

C사역자는 어릴 적 부모의 이혼으로 인생이 비뚤어질 수 있는

환경이었지만, 내적 치유과정을 통하여 분노가 표출되면서 하나님의 치유를 경험하고 용서하지 못했던 사람들을 용서할 수 있게 되었다. 하나님과의 관계에서 오직 말씀중심의 실천적인 삶을 통해 중생을 체험하고 사역자로서 헌신하며 성화의 삶으로 범사에 감사하며 그리스도의 사랑을 실천하고 있다.

D사역자는 아버지를 통해 하나님의 구원과 용서를 실제 자신의 내면에 경험함으로써 의존적인 삶에서 벗어날 수 있었다. 살아계신 하나님을 만나므로 자신의 부족함과 연약함을 깨닫고 하나님을 더욱 의지하게 되었다. 날마다 회개하므로 자신을 쳐서 복종시키며 말씀에 순종하는 훈련을 통하여 성화의 삶을 살아가고 있다.

국내 대표적인 선교단체에서의 내적 치유를 경험한 사역자들과 연구자의 교회에서 성화지향적 내적 치유를 경험한 평신도들을 대상으로 성화의 경험에 대해 살펴 본 결과 참여자들은 공통적으로 성령의 역사로 회개와 순종을 통하여 중생과 성화를 경험했다. 중생 이후에 말씀에 대한 철저한 순종의 훈련과 기도생활 등을 통해서 성령의 열매 맺기까지는 짧게는 5-10년, 길게는 10-20년의 오랜 시간이 걸렸다. 성화의 과정에서 육신을 쳐서 복종시키는 것과 하나님의 말씀에 순종하는 훈련을 통하여 성화의 삶으로 연결되는 과정을 경험했다.

선교단체에서 훈련받은 참여자들은 내적 치유의 효과가 약간의 유익은 있었지만, 중생과 성화는 기대할 수 없었다. 개인적인 차이는 있었지만, 자기 스스로 회개와 철저한 순종의 훈련을 통해서 성화를 경험하고 성화된 삶으로 하나님께 영광 돌리고 있다. 한편으로 교회에서 훈련받은 참여자들은 날마다 기도와 성경공부 그리고 상담 등을 통해 순종하는 훈련을 받았다. 훈련 과정에서 회개를 통한 하나님의 용서와 사랑을 체험했다. 더 나아가 순종과 감사의 실천적인 삶을 통해 치유와 회복을 경험하고, 그리스도를 닮은 성숙한 인격으로 성장하여 하나님께 영광 돌리는 삶을 살고 있다.

한국교회에 기여할 길이 있다면, 내적 치유에 관한 관점에서 해석을 달리할 필요가 있다. 일반적으로 내적 치유는 상처 치유에 국한시키고 있다. 내면의 상처는 사람마다 각기 다르지만 온전한 치유는 단기간에 해결 받을 수 있는 간단한 문제가 아니라 평생에 걸쳐서 이루어져야 하는 목회사역의 한 분야이다. 따라서 성화를 위한 과정에 필요한 회개와 순종 그리고 감사의 실천적인 삶을 살 수 있도록 교리적인 부분들을 계속 가르치고 돌봐 주어야 한다. 내적 치유에서 설사 감정이나 정서를 치유 받았다 할지라도 이러한 후속 조치가 없으면 시간이 흐르면서 다시 치유받기 이전의 상태로 돌아갈 수밖에 없다. 따라서 믿음을 유지하고 성숙의 단계로 나아가려면 반드시 내적 치유 이후에 신자들도 그리스도인으로서 책임감을 가지고 끊임없이 자신을 쳐서 복종시키며 회개를 통한 순종의 삶으로 연결시키는 삶을 살도록 해야 한다.

이와 같이 치유와 회복을 통한 성화된 삶으로 하나님 형상을 회복하기까지는 많은 시간과 목회적 돌봄이 필요하다. 그러므로 목회에서 영혼 구원을 위한 하나님의 뜻을 이루기 위해서는 내적 치유 후 연장선상에서 성화의 열매 맺는 삶을 살 수 있도록 말씀공부와 기도와 상담 등을 통해서 온전한 믿음으로 살아갈 수 있도록 가르치고 돌보는 것이 성화지향적 내적 치유이다.

한 영혼이 그리스도 앞에 나와서 내면의 상처를 치유 받고 중생과 성화의 과정을 통해 영적 성숙의 단계인 하나님의 형상 회복을 통한 하나님께 영광 돌리는 삶으로 열매 맺기까지는 많은 수고와 눈물의 헌신을 필요로 한다. 회개하지 않는 자는 천국에 들어갈 수 없다고 성경은 분명하게 밝히고 있고 진정한 회개는 회개에 합당한 열매를 맺어야 한다. 그러므로 구원의 필수 요소인 회개의 중요성에 대해 가르쳐야 한다. 회개는 믿음의 결과로 주어지는 것이며, 진정한 회개는 실천적인 삶을 통하여 반드시 열매로 나타나야 한다. 회개는 중생 이후 성화의 과정에서도 필수적이며 그리스도인으로서 성결한 삶을 위해서 필요하다. 따라서 성령의 인도하심을 받기 위해서 그리고 성숙한 그리스도인이 되기 위해서 반드시 필요한 과정이다. 그러므로 회개는 일평생 해야 하며 회개 없이 순종은 있을 수 없으며, 순종하는 자가 감사하게 된다.

이러한 모든 과정에서 성령의 도우심 없이는 작은 문제도 해결 받을 수 없음을 참여자 모두가 경험했기 때문에 하나님의 은혜에 감사하며 하나님 절대주권 신앙으로 살아가고 있음이 밝혀졌다. 따라서 모든 참여자들은 내적 치유과정을 통하여 날마다 회개의 삶으로 중생을 체험했으며, 실천적인 삶을 통해 성화의 삶을 살고 있음을 보여주고 있다. 성화의 내러티브 과정을 통해서 하나님의 구원의 의미와 목적을 발견하므로 신앙을 견고케 하는 계기가 되었고, 성화의 목표인 하나님의 형상 회복이 이루어졌다. 전인치유를 통한 그리스도를 닮은 인격의 변화와 성화의 목표인 하나님께 영광 돌리는 삶이라는 것을 발견하게 되었다.

인간 내면의 상처는 너무나 다양하고 우리가 기억하지 못하고 알지 못하는 영역에 속한 것이기 때문에 성령께서 깨우쳐 주시지 않으면 알 수가 없다. 우리는 상처의 깊이와 정도도 알 수가 없다. 따라서 내면의 상처들을 단기간에 해결 받을 수 있는 간단한 문제가 아니다. 상처가 고통과 질병으로 나타나기까지 오랜 기간이 걸리는 만큼 상처를 치유하는데도 개인적인 차이는 있지만 많은 시간을 필요로 한다. 한 가지 중요한 사실은 상처들이 치유될 때 마다 딱딱하게 굳은 마음들이 아주 조금씩 부드러워지게 되는 것을 자기 자신이 알고 주변 사람들도 알게 된다. 이러한 상처를 치유 받기 위해서는 회개가 필수적이다. 회개를 통해 자신에게 상처 준 사람들을 이해하게 되고 용서하게 된다. 매 순간 위기와 갈등을 겪게 되는데 끝까지 인내로서 이겨내야 한다. 인내하지 못하면 도중에서 탈락하고 형식적인 신앙으로 타협하면서 살아가게 된다. 결국 죽고자 하면 살고 살고자 하면 죽는다는 말씀처럼 자신이 가진 모든 것들을 포기해야 한다(마 16: 25).

회개는 믿음의 결과로서 주어지는 것으로서 진정한 회개는 실천적인 삶을 통하여 반드시 열매로 나타나야 한다. 회개는 중생 이후 성화의 과정에서도 필수적이며 그리스도인으로서 성결한 삶을 위해서, 성령의 인도하심을 받기 위해서, 성숙한 그리스도인이 되기 위해서 반드시 필요하다. 회개 없이 순종은 있을 수 없으며, 순종할 때 하나님의 능력을 체험하게 되므로 감사로서 하나님께 영광 돌리게 된다.

이러한 과정들을 수 없이 거치면서 중생을 체험하게 된다. 중생에서 성화로 이어지는 과정에서도 철저하게 자신을 쳐서 복종시켜야 회개를 통한 순종을 할 수 있게 된다. 중생 이후에는 성령의 내주를 통해 도와주시는 은혜로 말씀이 들리고 깨달아지기 시작하면서 순종하는 빈도수가 점점 많아져서 쓰러지고 넘어지는 횟수가 줄어들게 된다.

이러한 실천적인 삶을 통해서 점점 그리스도를 닮아가게 되므로 겸손과 섬김의 삶을 살게 된다. 거룩과 경건의 삶을 통해서 인격이 변화되어 그리스도의 사랑을 실천하게 되고 가는 곳마다 하나님의 영광을 드러내는 삶을 살게 되므로 구원에 대한 감사와 감격이 넘치게 된다.

일반적으로 내적 치유는 과거의 상처를 치유하는 것에 국한 시키고 있다. 그러나 하나님은 우리가 온전케 되기를 원하신다. 따라서 성화 지향적 내적 치유는 상처 치유에 국한시키지 않고 하나님이 원하시는 온전한 치유를 통한 그리스도 안에서 참된 자유와 평강을 누리며 하나님께 영광 돌리는 것을 목표로 하기 때문에 목회 사역의 한 분야로서 장기적으로 해결해야 할 과제이고 사명이다.

이와 같이 치유와 회복을 통한 성화의 삶으로 하나님의 형상을 회복하기까지는 많은 시간과 목회적 돌봄이 필요하다. 한 영혼이 그리스도 앞에 나와서 내면의 상처를 치유 받고 중생과 성화의 과정을 통해 영적 성숙의 단계인 하나님의 형상 회복을 통한 하나님께 영광 돌리는 것이다. 삶으로 열매 맺기까지는 사랑의 수고와 눈물의 헌신을 필요로 한다.

따라서 성화 지향적 내적 치유는 이 시대 꼭 필요한 치유사역으로서 한국교회가 영혼을 향한 열정을 가지고 목회에 적용해서 실천한다면 성경적인 교회로 거듭나서 하나님께 영광 돌리게 될 것이라고 확신한다.

2. 함의

본 연구는 다음과 같은 측면에서 의의가 있다.

첫째, 지금까지 한국교회가 외적 성장을 강조하는 목회신학의 영향으로 영적 능력을 상실하고 있다. 그동안 단기 프로그램 위주의 내적 치유가 학문적 정체성 없이 무분별하게 사용되어 왔다. 그리하여 교회에서 목회사역의 한 분야로 신학적이고 목회상담학적 차원에서 체계화한 성화지향적 내적 치유의 새로운 모델을 제시하려는 시도를 했다.

둘째, 본 연구는 내적 치유에서 단순히 감정이나 정서치유에 국한되어 왔던 것들을 영혼과 육체를 포함한 전인치유를 통한 회복과 영적 성숙을 목표로 한다. 따라서 인간 구원의 필수 요소인 중생과 성화를 위한 성화지향적 내적 치유를 통해 한 개인뿐만 아니라 더 나아가 한국교회가 그리스도를 닮은 성숙한 인격으로 성장하도록 하는데 필요한 치유사역이 될 것이라고 사료된다.

셋째, 본 연구는 질적 연구방법론의 하나인 내러티브 탐구를 적용함으로써 그리스도인들의 구원과정에서 경험하는 개인과 공동체 더 나아가 사회적인 상황에서 다양하게 경험하는 삶의 이야기들을 심층적으로 분석하고 드러내어 새로운 삶의 이야기로 재구성하는데 효과적이라고 본다.

3. 제언

본 연구결과의 분석을 통해 앞으로의 연구 발전을 위한 다음과 같은 제언을 하고자 한다.

첫째, 지금까지 선교단체나 교회기관에서 단기 프로그램 위주의 내적 치유사역으로 인한 여러 가지 부작용들을 개선하기 위해 목회사역의 한 분야를 제시한다. 우리나라 문화나 실정에 맞는 프로그램을 개발하여 장기적으로 목회에 직접적으로 적용하고 실천할 수 있는 연구가 필요하다고 본다.

둘째, 교회는 복음전파와 함께 신자들의 내적 성장을 통하여 세상을 변화시켜야 하는 사명을 감당해야 하는 목회자들이어야 함에도 불구하고 말씀에 기초 없이 외적 성장에 치중하는 목회신학의 문제를 해결하는 것이 시급하다고 생각한다.

셋째, 본 연구에서 성화지향적 내적 치유를 위한 연구를 하면서 유감스러웠던 점은 타종교에서는 감사에 대한 논문들이 있는데, 감사에 관한 논문이나 단행본을 찾아볼 수 없었다. 구원의 필수 요소인 성화의 삶을 살아가는데 기본적이고 필수 요소인 회개, 순종, 감사에 대한 학문적인 연구가 체계적으로 정립되어야 한다고 사료된다.

참고문헌

참고문헌

국내서적

김재만.『듀이철학』. 서울: 배영사, 1980.

김병훈.『현대목회상담학자연구: 래리 그래함(Larry K. Graham)』. 서울: 돌봄, 2011.

박형렬.『통전적치유목회학』. 서울: 치유, 1994.

박행렬.『기독인을 위한 전인치유 사역』. 서울: 나임, 1993.

변순복.『하나님의 선택받은 민족의 삶의 역사서』. 서울: 정금, 2006.

송봉호.『상처와 용서』. 서울: 바오로딸, 2013.

신동일 · 유주연.『내러티브 탐구 방법의 이해』. 서울: 도서출판. net, 2006.

양유성.『이야기치료』. 서울: 학지사, 2004.

유창형.『개혁주의입장에서 본 존 웨슬리의 성화론』. 용인: 목양, 2009.

______.『존 칼빈의 성화론』. 용인: 목양, 2009.

이성훈.『내적치유』. 서울: 은혜문화, 1993.

______.『상한 마음을 찾으시는 하나님』. 서울: 두란노, 1997.

이승헌.『싱령』. 용인: 킹덤북스, 2012.

이후정.『성회의 길』. 서울: 대한기독교서회, 2009.

임충곤.『당신은 다른 사람을 어떻게 도울 수 있습니까?』. 서울: 다사랑, 2001.

전요섭.『효과적인 기독교상담기법』. 서울: 기독교문서선교회, 2009.

조종남.『요한웨슬리의 신학』. 서울: 대한기독교서회, 2005.

주서택 · 김선화.『내 마음 속에 울고 있는 내가 있어요』. 서울: 순출판사, 2001.

하문호.『교의신학(인간론)』. 서울: 그리심, 2000.

______.『교의신학(구원론)』. 서울: 그리심, 2001.

허철.『치유하는 믿음의 사람들』. 서울: Grace Publisher, 2000.

학위논문 및 학술지

강은주. "기독인의 성화의 삶을 위한 내적치유 도구로서의 글쓰기치료." 「신과 학문」 제12권 제3호 (2007).

고병인. "내적치유와 목회상담." 「한세대학교 논문집」 제4권 제12호 (1993).

김기수. "예수님의 치유목회." 「한영논단」 제5권 (2001).

김남식. "치유에 대한 신학적 이해. 「상담과 선교」 (1995).

김대현. "내러티브 탐구의 이론적 기반 탐색." 「교육과정 연구」 제24권 제2호 (2006).

김문기. "경건주의와 목회적인 적용." 「평택대학교 논문집」 제10권 제2호 (1998).

김성환. "전인치유를 위한 내적치유에 대한 목회상담학적 고찰." 「성경과 상담」 제6권 (2006).

김영근. "말씀 묵상을 통한 내적치유 프로그램 개발." 「복음과 상담」 창간호 (2003).

______. "글쓰기 고백을 활용한 내적치유상담 프로그램 개발 및 효과검증." 한남 대학교 대학원 박사학위논문, 2006.

김영순. "기독교 영성과 그리스도 요법에 관한 비교 연구." 서울신학대학교 석사 학위논문, 2009.

김준수. "내적치유의 이해와 치유목회적 적용." 「신학과 선교」 제6호 (2002).

김진필. "체육 교사의 교육과정 재구성 경험에 대한 내러티브 탐구." 한국교원대 학교 석사학위논문, 2012.

김천수. "로마서에 나타난 믿음과 순종에 관한 연구." 백석대학교 박사학위 논문, 2009.

______. "아담의 불순종에 대한 그리스도의 순종: 로마서 5:15-21을 중심으로. 「한영논단」 제13권 (2009)

김홍근. "내적치유에 대한 목회신학적 이해." 「한세대학교 교수논찬」 제13호 (1998).

류정희. "카톨릭 청년의 종교성과 안녕감의 관계에서 감사성향의 매개효과 : 청년 을 위한 종교 교육에서 감사가 지니는 함의." 「인간연구」 제17호 (2009).

류원렬. "아더 피어선(Arthur T. Pierson)의 사역과 설교 특징 연구." 「신학과 실 천」 제32호 (2012).

박동국. "바울의 성화론 내에서의 몸의 행실 죽이기(롬 8:13)," 아세아연합신학대
　　　학교 박사학위논문, 2009.
박문수. "존 웨슬리의 온전성화론에 있어서 "순간과 과정" 모티브의 통합적 이
　　　해,"아세아연합신학대학교 박사학위논문, 2001.
박영범. "내적치유 운동의 배경과 현황."「복음과 상황」제191호 (2006).
박영실. "어거스틴의 구원과 성화."「신학지남」제73권 제2호 (2006).
박준영 · 김갑수. "칼빈의 인간론과 성화교육에 따른 교육실천."「교육사상연구」
　　　제24권 제1호 (2010).
박　홍. "목회의 전문화와 영성."「연신원 하기세미나 강의집」제4회 (1985).
서정운. "크리스찬의 감사생활"「새가정」제319호 (1982)
선우숙. "그리스도인의 행복 이야기에 대한 내러티브 탐구." 평택대학교 박사학
　　　위논문, 2012.
안명준. "칼빈의 신학적 윤리관."「복음과 신학」제4권 제1호 (2001).
＿＿＿. "한국교회의 신학적 문제점."「복음과 신학」제5권 (2002).
안영미. "내러티브 탐구를 통한 두 남성 노인의 삶과 죽음에 관한 이해." 이화여
　　　자대학교 박사학위논문, 2008.
양유성. "리더십의 핵심 요소로서의 격려."「복음과 신학」제8권 제1호 (2005).
＿＿＿. "이야기치료의 상담원리와 방법론."「상담과 선교」제45권 (2004)
염지숙. "교육 연구에서 내러티브 탐구의 개념, 절차, 그리고 딜레마."「교육인류
　　　학연구」제26권 제1호 (2003)
＿＿＿. "내러티브 탐구를 통한 유아 세계 이해."「교육인류학연구」제2권 제3호
　　　(1999).
＿＿＿. "내러티브 탐구: 그 방법과 적용."「질적연구학회」제1호 (2001).
유정우. "구원론에 있어서 성화의 위치: 칼빈과 웨슬리를 중심하에."「평택대학
　　　교 논문집」제7권 (1995).
＿＿＿. "칼빈의 구원론에 있어서 성화의 위치: 기독교 강요를 중심하여."「복음
　　　과 신학」제1권 제1호 (1996).
이광희. "개혁주의 영성이해를 위한 소고: 총체적 영성을 위하여."「복음과신학」
　　　제2권 제2호 (1999).

______. "축복 개념을 통해 본 교회성장과 성령사역: 교회성장학파의 성령론 평가. 「신학과 문화」 (1996).

이동원. "한국교회와 설교." 「한국복음주의신학회」 제61권 (2013).

이민영. "남북한 이문화 부부의 가족과정 경험에 관한 질적 연구 : 내러티브 탐구 방법을 활용하여." 이화여자대학교 박사학위논문, 2005.

이신열. "성화와 하나님의 은혜에 대한 칼빈의 이해." 「고신신학」 제2권 (2010).

이한수. "이신칭의와 선행의 윤리." 「신학지남」 제64권 제4호 (1997).

______. "하나님의 주권적 선택과 그리스도인의 책임: 바울서신에 나타난 선택과 구원의 확실성의 관계에 대한 성경신학적 접근." 「신학지남」 제58권 제4호 (1991).

전요섭. "감사의 긍정적 영향에 기초한 기독교 상담." 「신앙과 학문」 제14권 제3호 (2009).

정정숙. "치유목회의 원리와 방안." 「신학지남」 제66권 제3호 (1999).

정태기. "기독교 치유목회의 흐름에 관한 연구." 「신학 연구」 제38호 (1997).

조종남. "웨슬리의 성화론." 「신학과 선교」 제1권 (1972).

주성준. "로마서에 나타난 성화의 의미." 「총신대 논총」 제17권 (1998).

천영숙. "거룩함의 의미에 관한 고찰." 「한영논단」 제11집 (2007).

______. "오순절 신학과 웨슬리안 성화론의 관계." 「한영논단」 제7집 (2003).

______. "케직 교의에 나타난 성화론과 오순절 신학의 관계." 「한영논단」 제10권 (2003).

최영민. "현대의 정신질환 왜 발생하는가." 「목회와 신학」 (1993).

최윤경. "초등학교 음악교생 지도교사의 경험에 대한 내러티브 탐구." 「교육과학연구」 제40권 제1호 (1999).

번역서적

Anderson Neil T. 유화자 역. 『내가 누구인지 이제 알았습니다』. 서울: 죠이선교
　　　회, 2012.

Barclay, William. 박문재 역. 『바울신학개론』. 고양: 크리스챤다이제스트, 2001.

Berkhof, Louis. 권수경·이상원 역. 『벌코프 조직신학』. 고양: 크리스챤다이제
　　　스트, 2007.

Calvin, John. 김종흡 외 3인. 『기독교 강요』. 서울: 생명의 말씀사, 2005.

Clandinin, D. Jean. 강현석 역. 『내러티브 탐구를 위한 연구방법론』. 파주: 교
　　　육과학사, 2011.

Clandinin, D. J. & F. M. Connelly, 강현석 외 역. 『내러티브 탐구』. 파주: 교육
　　　과학사, 2011.

Disciples' Publisher & Bible Net. 제자원 역. 『옥스퍼드 원어 성경 대전 28권,
　　　46권』. 서울: 제자원, 2006.

Dunn, James D. G. 김철 채천석 역. 『WBC 성경주석 로마서(상)』. 서울: 솔로
　　　몬, 2013.

Flynn, M. & D. Greg, 오정현 역. 『내적치유와 영적 성숙』. 서울: 한국기독학생
　　　회출판부, 1995.

Lindström, Herald. 전종옥 역, 『웨슬리와 성화』. 서울: 기독교대한감리회, 1998.

Kelsey, Morton T. 배상길 역. 『치유와 기독교』. 서울: 대한기독교출판사, 1996.

Kraft, Charles H. 윤수인 역. 『사악한 영을 대적하라』. 서울: 은성, 2006.

　　　＿＿＿＿＿＿＿＿＿. 이윤호 역. 『깊은 상처를 치유하시는 하나님』. 서울: 은성,
　　　1995.

Litchfield, Bruce. 예수전도단 역. 『하나님께 바로서기』. 고양: 예수전도단, 2000.

Marshal, Tom. 예수전도단 역. 『자유케 된 자아』. 고양: 예수전도단, 2012.

Seamands, David A. 송헌복 송복진 역. 『상한 감정과 억압된 기억의 치유』. 서
　　　울: 죠이선교회, 2005.

Sibbes, Richard. 전용호 역. 『꺼져가는 심지와 상한 갈대의 회복』. 서울: 지평서
　　　원, 2010.

Wimber, J. & K. Springer, 이재범 역. 『능력치유』. 서울: 나단, 1991.

Wells, David. 김재영 역. 『신학 실종』. 서울: 부흥과 개혁사, 2008.

외국서적

Berkfof, Louis. *Sistematic Theology.* Grand Rapids: Eerdmans, 1974.

Collins, Gary R. *Christian Counseling.* Nashville: Thomas Nelson Publishers, 2007.

Kurtz, Ernest. "Twelve Step Programs." in Peter H. Vanness,(ed), *Spiritulity and the Secular Quest,* New York: Crossroad, 1996.

Seamands, David A. *Healing of Memories.* Wheaton: Victor, 1985.

Tapscott, Betty. *Inner Healing through Healing of Memories.* Kingwood : Hunter Publishing, 1975.

Tillich, Paul. *Love, Power and Justice.* New York: Harper & Row, 1959.